Dagmar Lutz

Das Spitzweg Kochbuch

Dagmar Lutz

Das Spitzweg Kochbuch

Köstlichkeiten aus dem Biedermeier

Mary Hahn

Wir bedanken uns beim Belser Verlag, Stuttgart, für die freundliche Unterstützung.

Bildnachweis:

Belser Verlag, Stuttgart: 25; Bundesrepublik Deutschland: 44/45; Kaiser-Wilhem-Museum, Krefeld: 97; Staatliche Museen zu Berlin, Nationalgalerie: 94; Museum Georg Schäfer, Schweinfurt: 31, 35, 36, 37, 39, 41, 43, 59, 61, 63, 65, 67, 69, 71, 73, 76/77, 85, 93, 107, 109, 111, 132, 133, 135, 137, 141, 143, 145, 147, 148, 156–170; Museum Oskar Reinhart am Stadtgarten, Winterthur: 8/9; Privatbesitz: 6, 11, 14/15, 18, 20, 22, 24, 27, 28/29, 33, 48, 54/55, 81, 83, 88/89, 91, 95, 99, 101, 103, 104, 105, 118/119, 120/121, 123, 128 links, 128 rechts, 129, 131, 150/151, 152, 155, 175; Staatliche Graphische Sammlung, München: 52; Stadtarchiv, München: 56, 89; Schack-Galerie, München: 54/55.

Besuchen Sie uns im Internet unter
www.maryhahn-verlag.de

© 2003 by Mary Hahn
in der F. A. Herbig Verlagsbuchhandlung GmbH, München
Alle Rechte vorbehalten
Schutzumschlag: Wolfgang Heinzel
Motiv: Carl Spitzweg, *Der Sonntagsjäger* (Ausschnitt),
um 1845, Privatbesitz (WWV 219)
Seite 2: *Der Husar*, um 1870, Privatbesitz (WWV 1612)
Lektorat: Tanja J. Frei
Herstellung und Satz: VerlagsService Dr. Helmut Neuberger
& Karl Schaumann GmbH, Heimstetten
Druck und Binden: Offizin Andersen Nexö Leipzig
Printed in Germany
ISDN 3-87287-510-8

Inhalt

Zum Geleit

Wilhelm Spitzweg, ein Nachkomme des Künstlers, schrieb mir am 13. Dezember 1962: » Sehr geehrter Herr Doktor! Seit gestern bin ich im Besitze der Leibgerichte des Weiland Apothekers C. Spitzweg und ich kann Ihnen heute nur meine unumschränkte Anerkennung über dieses originelle und entzückende Buch aussprechen, das auch in seiner äußeren Gestaltung, Papier, Druck usw., zumal jetzt in der Weihnachtszeit viele Käufer und Liebhaber finden wird. Sie haben in Ihren Anmerkungen verschiedene Male auf den unbekannten Spitzweg hingewiesen, so ist den Lesern leider entgangen, dass die Fischmeisterin in Ambach ihn schon im Jahre 1838 mit Renken traktierte und dass er Geschmack daran fand (S. 78). Wie schon gesagt, ich wußte von dieser Rezeptsammlung nichts, der Maler hat aber seiner Nichte Lina (1856–1911), verheiratet an Major Loreck, damit eine Freude gemacht. Ist die Sammlung auf losen Blättern geschehen, oder war ein Büchlein die Grundlage? Nochmals: Ihnen meinen allerherzlichsten Glückwunsch zu Ihrer Publikation und besonders viel Glück und Erfolg im Neuen Jahr! Ihr Wilhelm Spitzweg.«

In den großen Spitzweg-Ausstellungen von 1962 und 1985/86 im Münchner Haus der Kunst bildeten die erwähnten Kochrezepte eine große Attraktion, und in der letzten großen Ausstellung 2003 wurden sie vom Publikum sehr vermisst. 1962 knieten und standen die Besucher sogar oft in Dreierreihen hintereinander vor den Blättern, um die Rezepte abzuschreiben.

Auf die Darstellung von Gaumenfreuden hatte Spitzweg auch in seiner Malerei nicht verzichtet. Da sind die zahllosen Pfeifenraucher, Kaffee- und Weintrinker leibhaftig auferstanden, und selbst die Einsiedler, die in stiller Abgeschiedenheit in felsiger Landschaft dahinträumen, benötigen hin und wieder ein gebackenes Huhn, um, frisch gekräftigt, den allzu mühsamen Gelübden nachzugehen.

Die Rezepte, die ich in einer Schublade von Frau Ella Loreck fand, waren für Caroline Spitzweg, die Tochter von Eduard, dem jüngeren Bruder Carls, entworfen worden. Soweit die Quellen ausweisen, hatte Spitzweg sie über einen längeren Zeitraum gesammelt. Wir wissen durch einen Brief an seinen Freund Friedrich Pecht aus demselben Jahr, dass er 1864 damit anfing: »Nun werde ich heute mit meinen Erinnerungen an meine Tafelfreuden beginnen.«

Der Maler hat jedoch nicht nur an Line Kochrezepte verschenkt oder verschickt, sondern gleichzeitig auch an seine beiden Schwägerinnen, die früh verstorbene Anna und deren Schwester Angelika Moralt zu denen er sehr gute Beziehungen pflegte. Auch die Kochkunst beider war, soweit seine Briefe kundtun, vielfältig und ausgezeichnet.

Links: Carl Spitzweg, Der Eremit als Blumenfreund, um 1860, Privatbesitz (WWV 710).

Starnberg, im August 2003 *Dr. Siegfried Wichmann*

Spitzweg – ein »Biedermeier« als Gourmet?

Carl Spitzweg ist zweifellos einer der populärsten deutschen Maler, wie die große Ausstellung 2002/2003 im Seedamm Kulturzentrum in Pfäffikon und im Münchner Haus der Kunst wieder eindrucksvoll bewiesen hat. Darüber hinaus steht er wie kaum ein anderer im Bewusstsein vieler exemplarisch für die Kunst des frühen deutschen Realismus, des sprichwörtlichen »Biedermeier« (ohne jedoch auf die Problematik dieses Begriffs an dieser Stelle näher eingehen zu können). Der ursprünglich als Pseudonym verwendete Name, unter dem der Medizinprofessor Adolf Kussmaul und der Amtsrichter Ludwig Eichrodt 1855–57 in den »Fliegenden Blättern« (für die Spitzweg selbst als Illustrator tätig war) Gedichte veröffentlichten, avancierte erst nachträglich zum wohlfeilen Etikett für die Zeit zwischen Wiener Kongress 1815 und der Revolution von 1848:

»Da in dieser Epoche keine großen Künstlernamen, aber auch keine außergewöhnlichen künstlerischen Einzelleistungen Akzente setzten, griff man das altväterische Wort Biedermeier auf, das schon durch Spitzweg viel von seinem ironischen Unterton ver-

Seite 8/9: Carl Spitzweg, Der Maler im Garten, *um 1860, Winterthur, Museum Oskar Reinhart (WWV 467)*

Rechts: Carl Spitzweg, Die Lektüre, *um 1870-75, Privatbesitz (WWV 522): ein typisches biedermeierliches Motiv des Malers mit Blick für das Detail, hier den Frühstückstisch mit einer Amsel.*

loren hatte, um für die nicht auf Repräsentation bedachten kleinen und schlichten Formate, die unpretentiöse Verbindung von Zweck und häuslicher Bequemlichkeit, das Solide, Bescheidene und Maßvolle überhaupt, eine angemessene Stilbezeichnung zu finden.« (Böhmer, S. 8)

Thema der Spitzweg-Bilder sind demgemäß das einfache Leben, das Kleine, Nahe, leicht Fassbare, »ein Ideal-Alltag mit idealen Kümmernissen und kleinen Glücksbegebenheiten, die aber so deutlich geschildert wurden, daß sie nicht wie gestellt, sondern wie das Leben selbst aussahen« (Jensen, S. 20 f.). Dem entsprach am besten das kleinere Format, so auch die Boden- und Seitenbretter von Zigarrenkisten als Bildträger, wie Spitzweg sie gerne für seine Bilder verwendete. Das charakteristische Panoptikum seiner Sonderlinge allerdings kennzeichnet durchaus gehörige Distanz zum Gegenstand, sei es nun der gähnende oder eingeschlafene Wachtposten (als Anspielung auf die funktionslos gewordenen Armeen ambitionierter Duodezpotentaten), der Alchimist, Philosoph oder Bücherwurm, der Kakteenliebhaber, der geigende oder Hühnchen bratende Eremit …

Die durchaus hintergründige Persönlichkeit des Malers wusste schon sein Biograf Hermann Uhde-Bernays zu würdigen, als er zu Beginn des 20. Jahrhunderts feststellte, es sei ja gerade »das Allzuneckische in der neckischen Kunst Spitzwegs, daß uns der Alte unversehens ein Bein stellt, während wir mit den

Augen in die Wolken starren. Darin liegt […] seine Eigenart, daß er es fertig bringt, wie ein vexierender Kobold die Begriffe zu verwirren. Und dessen sehr nachdenkliche Folge ist die Tatsache, daß […] sich jeder seinen eigenen kleinen Spitzweg ausschnitt und seine eigene kleine Spitzwegwelt zurechtzimmerte. Da stand auf einmal ein kleines kurioses Welttheater mit den seltsamsten und verschiedenartigsten Akteuren und Requisiten, das mit der kindlichen Heiterkeit des alten Junggesellen vom Heumarkt in München so verflucht wenig zu tun hatte. Wer Spitzweg noch gekannt hatte, der konnte sein freundliches, behagliches Gesicht hinter dem Ofen herausnicken sehen […].«

»Der glatzköpfige Herr mit der Nickelbrille auf der voluminösen Nase, als der sich […] Spitzweg mit einem Schuß Selbstironie und Weinseligkeit porträtiert hat«, steckt zwar laut Böhmer »als Grundtyp in dem so oft variierten Bild des alten, unbeweibten Eigenbrötlers, der seinen harmlosen Liebhabereien im Schlafrock und mit langer Pfeife nachgeht und über den Rand der Brille hinweg verstohlen jedem Frauenzimmer nachblickt«, doch sollte man sich hüten, dieses beliebte Motiv mit der Person des Malers selbst gleichsetzen zu wollen.

Wie Siegfried Wichmann in seinem jüngst erschienenen Werkverzeichnis und dem Katalog zur bereits erwähnten Ausstellung »Carl Spitzweg. Reisen und Wandern in Europa – Der Glückliche Winkel« aufgezeigt hat, war der Maler ein kritischer Kommentator seiner Zeit, ausdauernd und kontaktfreudig, beherrschte mehrere Sprachen und pflegte bis ins mittlere Alter seinen persönlichen Horizont durch ausgedehnte Reisen zu erweitern, auf denen er immer wieder auch Affinität zum Kulinarischen bewies …

Namentlich seine Tagebucheintragungen und Briefe künden von einem wachen Interesse an den unterschiedlichsten Phänomenen seiner Zeit, egal ob es sich um technische Neuerungen, kulturelle Darbietungen oder die Erzeugnisse diverser regionaler Küchen handelte. Letztere hielt er nicht selten in »küchentechnischen« Aufzeichnungen fest, die bis zum Sammeln von Speisekarten oder dem Aufschreiben eines bestimmten Rezeptes reichten. Einen kulinarischen Glücksfall könnte man daher das hübsche Rezeptverzeichnis nennen, das er seiner Nichte Line verehrte und das den Grundstock der Rezepte dieses Buches liefert (vgl. S. 30 ff.).

Gleichwohl ist es sicherlich nicht gerechtfertigt, den Maler als einen Gourmet mit höheren lukullischen Ambitionen oder einem geschmacklichen Differenzierungsvermögen zu betrachten, wie es zumindest in den frankophilen Haushalten des Großbürgertums durch die Lehren eines Anthelme Brillat-Savarin (»Physiologie du goût«, 1825) bereits Einzug gehalten haben mochte. Zwar kennt er offensichtlich das recht anspruchsvolle, »allerneueste« französisch inspirierte Kochbuch eines Jean Neubauer (München 1774), doch insgesamt steht ihm der Sinn eher nach dem Deftig-Einfachen, ganz so, wie es damals auch die bürgerliche Küche seiner von einer handfesten Bierkultur geprägten Heimatstadt kennzeichnete.

Sämtliche WWV-Nummern beziehen sich auf das Werkverzeichnis von Siegfried Wichmann, Stuttgart 2002 (s. S. 172).

*Ein »glatzköpfige[r] Herr mit der Ni-
ckelbrille auf der voluminösen Nase« –
Carl Spitzweg, porträtiert von seinem
Malerkollegen Johann Baptist Kirner
(1808–1888) im Karikaturenbuch der
Künstlervereinigung »Jung-München«.*

Ein Münchner Leben im Biedermeier

Eine aparte Marginalie im kulinarischen Kontext stellt die Formgebung von Spitzwegs Signatur dar: Statt seinen Namen zu verwenden, benutzte er als Chiffre das sog. »S im Rhombus«. Sie spielt, wie Hermann Uhde-Bernays in seinem Spitzweg-Buch darlegt, auf das rautenförmige »Vierkreuzerbrot« an, auch »Spitzweg oder Spitzweckerl« genannt.

Kindheit und frühe Jugend

Bei den unmittelbaren Vorfahren des Malers landen wir sogar mitten in der bodenständigen Gastronomie: Die Großeltern väterlicherseits betrieben eine Gastwirtschaft und Postmeisterei im idyllischen Unter-Pfaffenhofen bei Gilching in Oberbayern, mit der sich offensichtlich ein recht ansehnliches Vermögen verdienen ließ. Carl Spitzwegs außergewöhnlich begabtem Vater Simon (geb. am 13. November 1776) ermöglichten sie daher den Schulbe-

Seite 14/15: Carl Spitzweg, Die Dachstube (Ausschnitt), um 1848/50, Privatbesitz (WWV 470). Diese Darstellung eines Junggesellen, der liebevoll seinen bescheidenen Dachgarten in Form eines Blumenkastens pflegt, nimmt eine Wohnsituation vorweg, wie sie Spitzweg selbst zeit seines Lebens vorschwebte, die er jedoch erst 1863 verwirklichen konnte, als er seine Wohnung am Heumarkt bezog: hoch über dem geschäftigen Treiben der Stadt. Im Hintergrund der Blick auf den »Alten Peter«.

such in der nahe gelegenen bayerischen Haupt- und Residenzstadt München, wobei dieser »inter optimos prorsus insignis« (unter den Besten hervorragend) abschloss.

Später ergriff Simon den Beruf des Kaufmanns – auch dies offensichtlich mit recht beachtlichem Erfolg. Nach Aus- und Weiterbildung in Frankfurt am Main, Wien und Triest kehrte er 1803 nach München zurück, wo er am 4. Juni 1804 das Bürgerrecht sowie die Genehmigung einer eigenen geschäftlichen Niederlassung erwarb. Kurz darauf heiratet er im Dom zu Unserer Lieben Frau die Kaufmannstochter Franziska Schmutzer – eine Frau »so häuslich still, eingezogen, geschickt und bei dem Metier aufgewachsen, daß sie mit mir antretten soll« (Simon Spitzweg, zit. nach Wilhelm Spitzweg). Der offizielle Ehekontrakt, ausgefertigt am 30. August 1804 vom »Churpfalzbairischen Stadt-Gericht der Haupt- und Residenzstadt München«, wies das nicht unbeträchtliche »Heiratsgut« von dreitausend Gulden aus.

Bereits im April des Folgejahres erblickte ein kleiner Simon das Licht der Welt, 1808 folgte Carl, 1811 das Nesthäkchen Eduard. Nach dem Wunsch des (weit in die Zukunft planenden!) Vaters sollte später der Erstgeborene das – im September 1805 erworbene – Stammhaus der Familie in der Münchner Innenstadt (Ecke Neuhauser/Eisenmann-Gasse) weiterführen, Carl Apotheker werden und der jüngste Sohn Arzt.

Mit der Wirtschaft war es damals in München nicht allzu rosig bestellt, was der ehrgeizige Simon Spitzweg offensichtlich als »Marktnische« erkannt hatte: »Im Gegensatz zu den handelserfahrenen Reichsstädten lagen [...] Handel und Wandel im argen. Größere Geschäfte gab es kaum, und für Einkäufe aller Art war die ›Dult‹, zweimal im Jahr, der günstigste Zeitpunkt, denn dazu strömten aus allen Himmelsrichtungen die fremden Händler herbei, um ihre Waren feilzubieten.« (Betz, S. 10)

Sogar die königliche Familie empfand das Warenangebot in ihrer Residenzstadt im Vergleich zu dem alteingesessener Handelsstädte als zu dürftig. Und der damalige Kronprinz Ludwig I. erinnert sich: »Es gab [in München] keine gute Conditorey. Mama bedurfte eines schwarzseidenen Kleides, es war aber in Bayerns Hauptstadt keines zu haben. Mein Vater schickte darum eine Stafette nach Augsburg oder Regensburg [...].« (zit. nach Betz)

Simon Spitzwegs »Tuch-, Wollen-, Baumwollen-, Seiden- und Spezereywaaren, Kommission und Spedition« im Kaufmann Kapferhaus Nr. 14 besaß damit alle Voraussetzungen, sich zu einem blühenden Geschäft zu entwickeln: »Drüben bei der weiten Gasse aber liegt die Maut und von dort kommen [...] die mächtigen, mit schweren Rossen bespannten Fuhrwerke. Die handfesten Männer der Lader-Innung [...] bringen die gewichtigen Collis, Kisten, Rupfenballen, Kaffeesäcke und die großen, in Weidenkörben steckenden Glasballons [...] hinein in die Gewölbe der hinteren Lagerräume. Da staut sich das schwere Gut im weiten Raum, an den Wänden in den Regalen sind die Drogen und Seifen gestapelt, in Töpfen und anderen Gefäßen

Eine der Signaturen Spitzwegs

verwahrt, die Spezereyen aus fremdem, fernem Land.«

Ein solches Geschäft ist natürlich auch ein Abenteuerspielplatz für den Nachwuchs: »Die drei Spitzwegs kennen kein schöneres Vergnügen, als hier ihr Versteckspiel zu treiben, die lockenden Gefäße auf ihren Inhalt zu prüfen und mit tiefen Atemzügen die fremden, seltsamen Düfte aufzunehmen [...]. Ihre Phantasie gaukelt ihnen die fernen, geheimnisvollen Länder vor, die weit über dem großen Meere liegen. Bauchige Schiffe mit geblähten Segeln haben die wundersamen Dinge auf langer Fahrt hergebracht [...]. Dort steht der Zuckerhut hoch oben, die Gewürze sind in den vielen tiefen Schubfächern untergebracht, über der Ladenbudel [Verkaufstheke] aber, auf der die alte graue Katze kauert, hängen die Stranitzen [dreieckige Papiertüten], und aus dem bronzelackierten Kugelgehäuse zieht sich der Spagat [Bindfaden].« (Wilhelm Spitzweg)

So komfortabel und überschaubar sich somit die Lebensumstände der Familie präsentieren – die Geburt Carl Spitzwegs fiel in eine Epoche tief greifender politischer und technischer Umwälzungen. Durch den Schulterschluss mit Napoleon regierte der bayerische Kurfürst Maximilian I. Joseph seit 1806 als König über seine Untertanen und setzte, unter der Leitung seines Geheimen Staatsministers Montgelas und nach dem Vorbild des »Code civile«, weitreichende Reformen bezüglich der Staatsverfassung und der Zentralisierung der Verwaltung durch. Was den gewitzten »frankophilen« König nicht daran hinderte, während der Befreiungskriege 1813/14 in das Lager der Gegner Napoleons zu wechseln und 1815 dem Deutschen Bund beizutreten. Sein kunst-

Carl Spitzweg, Auf der Dult, *um 1838, Privatbesitz (WWV 166).*
Die »Dult«, eine große Verkaufsveranstaltung,
ursprünglich aus dem Patroziniumsfest eines Kirchenheiligen entstanden,
fand zweimal im Jahr statt (im Sommer vor dem Karlstor)
und eröffnete in Zeiten eines beschränkten Warenangebots die besten
Einkaufsmöglichkeiten.

sinniger Sohn, der ihm zehn Jahre später als Ludwig I. auf den Thron folgte, hatte aus seiner Abneigung gegen den »Parvenu« Napoleon nie einen Hehl gemacht und gedachte, als Sammler und Mäzen Bayerns Ruhm zu mehren – so schien eine Art Goldenes Zeitalter für das junge Königreich heraufzudämmern.

Schicksalsschläge

Die Friedensphase der Restaurationszeit, während der sich Bayern flächenmäßig verdoppelte und hinsichtlich der Einwohnerzahl verdreifachte, ermöglichte dem Spitzwegschen Geschäft einen raschen Aufschwung, der allerdings überschattet wurde durch einen schweren Schicksalsschlag: den Tod der Mutter am 7. Mai 1818. Um seinen Söhnen die Obhut einer Familie zu erhalten, heiratete Simon Spitzweg nach Ablauf des Trauerjahres seine Schwägerin Kreszentia Schmutzer, die sich offensichtlich engagiert und pflichtbewusst ihrer drei Neffen und Stiefsöhne annahm. Ihre eigene Ehe blieb kinderlos.

Der strenge Vater, der nicht nur ökonomisches Talent, sondern auch starken Bürgersinn bewies, allerdings für künstlerische Neigungen wenig Verständnis zeigte, engagierte sich als Magistrat und wurde 1818 als Vertreter der Stadt München zum bayerischen Landtagsabgeordneten gewählt. 1824–1826 war er zweiter, bis 1827 erster Vorstand des Gemeindekollegiums. »Sprachenkundig wie er war –

Carls Vater Simon Spitzweg (1776–1828).

er beherrschte das Italienische und Französische – fungierte er noch als Assessor am Wechsel- und Mercantilgericht.« (Wilhelm Spitzweg)

»Die fortschrittliche Gesinnung, welche Vater Simon Spitzweg im Gemeindekollegium und in der Kammer betätigte, wurde zu Hause aus praktischen Gründen zurückgedrängt, und der Patriot […] ließ bei seinen Kindern eine gemessene Zucht walten und duldete keinen selbständigen Vorwitz der drei Söhne. Es stimmt nachdenklich, in alten Magistratsprotokollen die Begründung zu finden, mit denen Simon Spitzweg Redeübungen an der Universität zum Behufe der Öffentlichkeit und Mündlichkeit der Verfahren der Strafrechtspflege eingeführt wissen wollte, und Anträge zu vernehmen, welche die heimische Ware vor der eingeführten bevorzugen, weil wir wissen, mit welchem Starrsinn der Vater den Söhnen den Beruf aufzwang«, kommentiert Hermann Uhde-Bernays in seiner viel gelesenen Spitzweg-Monographie das autoritäre Klima im elterlichen Hause.

Während Carl 1825 eine Apothekerlaufbahn begann, ging sein Bruder Simon, dem Wunsch des Vaters entsprechend, 1826 in ein befreundetes Handelshaus in Triest, überwarf sich jedoch bald mit seinem Dienstherrn und schiffte sich kurz entschlossen, ohne das väterliche »Placet« einzuholen, nach Alexandria ein, wo man ihm eine verlockende Stelle angeboten hatte. Die Berichte seines Bruders über orientalische Basare und Kaffeehäuser begeg-

Carl Spitzweg, Türkisches Kaffeehaus, *um 1850/55, Privatbesitz*
(WWV409). Eines der orientalischen Motive,
die Spitzweg verstärkt nach dem Besuch der Pariser Industrieausstellung
1851 malt – ein später Reflex auf die Reiseberichte
seines jung verstorbenen Bruders Simon, der 1826–1828 in Kairo
eine Handelsposition innehatte?

nen uns später wieder als Bildmotive Carl Spitzwegs:

»In jedem Laden sitzt der gutgekleidete türkische Kaufmann mit übergeschlagenen Beinen auf seinem Kissen und schmaucht den ganzen lieben langen Tag an seiner Pfeife. Still und nachdenkend – oder ganz in den Qualm des Tabaks, den er ausstößt, verloren [...]. Lebhafter sind die Bazars der Pfeifen- und Tabakshändler, die Quacksalber und Drogisten [...].« (Brief Simons vom 18. Oktober 1826, zit. nach Betz)

Kurz nachdem Carl seine Lehre als Apotheker abgeschlossen hatte, trafen die Familie zwei weitere Schicksalsschläge: Dem Tod des Vaters am 1. Dezember 1828 folgt im Juni des nächsten Jahres ein Kondolenzbrief des dänischen Konsuls aus Alexandria, der Kreszentia Spitzweg vom Hinscheiden ihres ältesten Stiefsohnes und designierten Nachfolgers ihres verstorbenen Mannes unterrichtet, der einem »hitzigen Fieber« erlegen sei. Sie wird daher kurz darauf die Werbung des Kaufmanns Hermann Neunerdt annehmen, um den Fortbestand des Spitzwegschen Geschäfts zu sichern (s. auch S. 153). Die beiden verwaisten Söhne erhalten eine großzügige Abfindung, die ihre wirtschaftliche Existenz sichert und sie darüber hinaus in die Lage versetzt, später nach Belieben ihren künstlerischen Passionen nachzugehen: Carl der Malerei, Eduard der Musik ...

Doch zunächst widmet sich Carl ganz dem Pharmaziestudium, das ihm offensichtlich Gelegenheit genug lässt, sein Studentenleben zu genießen. So liest man in einem Brief aus dem Jahre 1830, in dem er seinem Bruder Eduard vom Münchner Fasching berichtet: »Der Carneval hat angefangen und 's Geld schreit alleweil: Laß mi aus! Ich war schon auf 3 Bällen und so Gott will, muß ich heute auch wieder auf

einen [...]. Ich werde schrecklich strapaziert und bin sehr froh, wenn die Fastnacht aus ist. [...] Auf dem Eise im Englischen Garten werden jetzt Schlitten ausgeliehen, worin sich die Damen von den Herren auf dem Eise spazierenführen lassen [...].« (zit. nach Wilhelm Spitzweg)

Oder am 8. März 1831: »Unser gewöhnlicher Spaziergang am Sonntag ist jetzt das Jägerhäusl. Da haben wir ein Zimmer für uns – ein Klavier, und da wird dann besonders in der heiligen Fastenzeit alle Nachmittage wacker getanzt, wobey ich meist das Orchester seyn darf. Ich erwerbe mir unsterblichen Ruhm ...« (ebd.)

Während die politischen Ereignisse der Zeit (so die Nachwirkungen der Pariser Julirevolution in München) nur am Rand zur Sprache kommen, ist ein vorherrschendes Thema seiner Briefe die Sorge vor der Cholera, die aufgrund mangelnder Hygiene die Städte immer wieder heimsucht: »In allen Häusern beinahe wird täglich geräuchert, und in jeder Haushaltung legen sich die sorg- und furchtsamen Hausfrauen Magazine von Präservativen und dgl. an, was eine große Noth mit verschiedenen Artikeln veranlasste, die jetzt entweder gar nicht mehr oder nur zu enormen Presien zu haben sind, so z. B. Hollunderthe [...]. Pfefferminz kommt bis von Sizilien per Eilwagen.« (Brief vom 6. Oktober 1831, ebd.)

Umzug und Entdeckung der Freilichtmalerei

Während der nächsten Jahre, die ganz unter dem Eindruck des 1832 mit Auszeichnung abgeschlossenen Pharmaziestudiums und zweier Italienreisen (1829 und 1832) stehen, beginnt in Carl der Plan zu reifen, sich ganz der Malerei zu widmen. Diesen Entschluss haben wohl auch die endgültige Trennung vom Elternhaus durch seinen Umzug in die Dienergasse und eine schwere Krankheit im Jahr 1833 befördert – Spitzweg selbst nennt sie »Vollblütigkeit«, anzunehmen ist wohl eine der damals recht häufigen, gefürchteten Typhus-Epidemien: »Ich merke nämlich schon seit einiger Zeit, dass mir das wenige Stiegensteigen nicht guttut. Da ist nun [...] unter dem Schönthurm das umgebaute Bänkenhaus, dessen 1. Stock dem 3ten im Kaufmann Bruggmayr-Haus vis a vis gleich ist. In diesem Haus miethete ich mich ein, und zwar im 4. Stock, da es möglich war, in diesem Haus ein höhergelegenes zu bekommen, es ist nämlich das Haus nur vier Stock hoch, ich muß es aber auch theuer genug bezahlen. 7 Fl ohne Möbels (denn ich hab nun selber) ist nicht wenig. Aber das

Carl Spitzweg, Die Mühle von Gern, *um 1836, Privatbesitz, München (WWV 53). Spitzweg, der als Pharmazeut schon frühzeitig um die Bedeutung reinen Wassers für die Vermeidung epidemischer Krankheiten wie der Cholera wusste, zog sich häufig in die Mühle von Gern zurückzuziehen, um der Seuche zu entgehen – und hielt dieses temporäre Domizil in zahlreichen Skizzen fest.*

Zimmer ist's werth. Die Aussicht ist prächtig – die Frauentürme zu meinen Füßen – ringsum eine unabsehbare Gebirgskette von Hausdächern, auf denen Kamine und Dachfenster wie Schlösser und Ruinen, oder die ferne Sennhütte aus denen der Rauch steigt, prangen – und die Luft ist so rein, so blau so heiter [...] und der Himmel so nahe [...] und ich werde ganz stolz darauf, dass ich so hoch über so viele andere Menschen gestellt bin. [...] Die Uhr der Frauentürme hör ich Dikdakken – weiß also immer, wie viel es geschlagen hat«, schreibt Spitz-

weg am 4. Juli 1833 an seinen Bruder Eduard (zit. nach Wichmann, WWV, S. 24).

Und Ende Juli 1833: »[...] das Drücken auf der Brust hat mich auch jetzt noch nicht ganz verlassen. Abends darf ich beinahe nicht essen und trinken, ohne heftige Röthe im Gesicht zu bekommen – und vielleicht (doch das wolle der liebe Gott verhüten) mein ganzes Leben kein braunes Bier mehr trinken. Weiß Gott, wie trink ich das Bier so gerne und wie trank ich's mit Maaß! Seit 2 Jahren täglich nicht mehr als 3 Halbe, selten 2 Maaß Abends, unter Tags nur Wasser, und jetzt darf ich nicht eine Halbe trinken«! (zit. nach Betz, S. 32)

Als Rekonvaleszent begibt sich »der schüchterne, lustige, bebrillte, eher klein als groß gewachsene, dabei weltmännisch-elegante Apothekeradept« (so die Charakterisierung Uhde-Bernays') in Begleitung seiner Stiefmutter in die Kuranstalt des Dr. Zeuß [andere Quellen nennen ihn Christian Ludwig Zeiss] in Bad Sulz am Peißenberg. Dessen Ehrgeiz war »der freundschaftliche Umgang mit Münchener Künstlern [...]. Auch dilettierte Zeuß in begabter Weise, und er hatte die höchst originelle, aber sehr vernünftige Idee gefaßt, dass jeder Gast seines ›Sanatoriums‹ sich das Abendessen durch eine Zeichnung ›nach der Natur‹ verdienen sollte.«

Nach den Worten von Uhde-Bernays wurde die Begabung des »schmalbrüstigen kleinen Apothekers« in diesem Kreis begabter »Freizeitmaler« erstmals »offiziell« gewürdigt. Seine Zeichnung eines Kalkofens erregte offensichtlich »Staunen und Rühmen«: »Der begeisterte Zeuß gestattete seinem Schutzbefohlenen in seiner Entdeckerregung gar alkoholische Exzesse, deren Verhütung seine Pflicht gewesen wäre. Der andere Morgen begründete eine ernste Freundschaft zwischen Carl Spitzweg und dem Landschaftsmaler Christian Heinrich Hansonn. Auf letzteren Rat ließ Spitzweg sich bestimmen, seinen Apothekerberuf aufzugeben und wurde Maler.«

Sein relativ hohes Alter von 25 Jahren und die Tatsache, dass die Akademie damals von Peter von Cornelius und dessen Adepten Wilhelm von Kaulbach beherrscht wurde, die einem pompösen Klassizismus huldigten und Genre- und Landschaftsmalerei rigoros ablehnten (auch wenn es dafür in München eine gewisse Tradition gab), verschlossen Spitzweg diesen Ausbildungsweg. Stattdessen fand er im Kreise gleich gesinnter Kollegen einen Rückhalt, mit denen er in engem Austausch stand und auf Motivsuche in der oberbayerischen und fränkischen Umgebung in der freien Natur skizzierte.

Zu den »Pollinger Landschaftern« gehörten neben dem für Spitzweg besonders als Lehrer und Kritiker wichtigen Christian Hansonn auch Bernhard Stange und Philipp Voltz. Den Vorsitz führte Eduard Schleich, der zwar der Jüngste war, doch zu den »prominentesten« Mitgliedern gehörte, da er seit 1831 mit Erfolg ausstellte. »Nachmittags tagte dieser Kreis […] im Café Schaidel in der Kaufinger Straße. Den Abend beschlossen oft ausgedehnte, zuweilen stürmische Sitzungen im Stubenvollkeller am Unteranger, sehr zum Missfallen der Gäste, die in Ruhe ihren Abendtrunk genießen wollten. Die dort beim schäumenden Bier und im Qualm des Tabaks entwickelten Kunsttheorien gewannen bei Spitzweg nun auf den meist mit Schleich und Stange unternommenen Wanderungen Form und Gestalt: in den Skizzenbüchern, als getuschte Zeichnungen oder Aquarelle anfangs, später auch auf der Leinwand.« (Wilhelm Spitzweg)

Ein kunstsinniger König

Der Tod des Bayernkönigs Maximilian I. Joseph hatte nicht nur politisch den Beginn einer neuen Epoche eingeläutet: Sein Sohn und Thronfolger Ludwig I. (reg. 1825–1848) war wild entschlossen, seine Residenzstadt zu einer Hochburg der Künste, genauer: einem »Isar-Athen«, zu machen. Unter seinem Hofarchitekten Leo von Klenze setzte eine rege Bautätigkeit in der bayerischen Hauptstadt ein, in deren Zuge die Neustadt mit Königsplatz, Ludwigstraße, Odeonsplatz und großen Teilen der Briennerstraße entstand:

»Der Obelisk […] kommt […] vor das neue Thor, wo sich die Straße zur Glyptothek und die zum neuen Thor kreuzen, bey dem Wrede'schen Palais. – Der Filserbräu wird eingerissen, um freie Anfahrt zur Frauenkirche von der Weinstraße aus zu haben. – Ans Isar- und Sendlingerthor kommen Freskogemälde und Maler [Carl] Rottmann, der die Arkadenbilder malte, geht bald nach Griechenland, um die andere Seite des Hofgartens, nemlich die Arkaden unter der jetzigen Bildergalerie mit griechischen Landschaften schmücken zu können«, beschreibt Carl am 26. Juli 1833 in einem Brief an den in Triest weilenden Eduard einige der Baumaßnahmen, die in München vor sich gehen.

Carl Spitzweg, Ansicht der Stadt München mit der Frauenkirche, *Bleistift auf Papier, Privatbesitz.*

Während sich der König für die Befreiung Griechenlands vom Joch der Türkenherrschaft begeistern konnte, bekämpfte er im eigenen Land den Liberalismus und begann einen zunehmend reaktionären Kurs einzuschlagen: »Der unleidlichste Polizeidruck lastete auf der Stadt, in der auf den Straßen nicht einmal geraucht werden durfte und wo der Fremdling gleich nach seiner Ankunft sich bei der Polizei zu melden und um Aufenthaltsbewilligung zu flehen hatte. Die Grobheit, mit der man da angeschnauzt wurde, war jedenfalls noch viel klassischer als Architektur Klenzes [...]«, so der Eindruck von Spitzwegs Freund Friedrich Pecht, der damals in München zu Besuch weilte.

Die kostspieligen Marotten des bayerischen Monarchen, besonders seine exzessive Bauwut, die sich nicht auf die Hauptstadt beschränkte, sondern auch Regensburg mit der Ruhmeshalle der Walhalla be-

glückte, konnten beim gemeinen Volk kaum Anklang finden. Schließlich hatten sie zu einer allgemeinen Teuerung geführt, die selbst den Preis für die Maß Bier – wichtiger Indikator bürgerlicher Zufriedenheit! – in die schwindelnden Höhen von sechseinhalb Kreuzern trieb. Dies wiederum bot den Karikaturisten der »Fliegenden Blätter«, zu deren ersten Mitarbeitern Spitzweg selbst zählte, reichlich Gelegenheit, ihre Federn zu spitzen (vgl. Abb. S. 49) ...

Obgleich 1847 der Grundstein für die Neue Pinakothek gelegt wurde (heute Hort mehrerer Spitzweg-Gemälde), hatte dessen bürgerlich-beschauliche Kunst wenig Aussicht auf Beifall von Seiten des Königs, dessen Geschmack eher eine monumentale Auffassung entsprach. Die Affäre des sechzigjährigen Herrschers mit der blutjungen spanischen Tänzerin Lola Montez bot dem Romantiker Moritz von

Schwind, den Spitzweg etwa um dieselbe Zeit in der »Münchner Liedertafel« kennen gelernt hatte, Anlass für die satirische Scherenschnittzeichnung *Der Teufel und die Katz*, die in Ausgabe 73 der »Fliegenden Blätter« des Jahres 1847 erschien. Sie illustrierte eine von dem Künstler selbst erfundene satirische Fabel, deren Protagonisten sich unschwer identifizieren lassen: »Das Kätzlein Mausbeista fing eines Abends ein Mäuslein, doch anstelle es auf der Stelle zu vernaschen, schenkte es ihm auf dessen Flehen großmütig das Leben und machte es zu seinem ergebenen Sklaven.« Als die Maus schließlich im ganzen Haus herrscht, erkennt Mausbeista zu spät, »dass sie einem Ungethüme das Leben geschenkt, welches jetzt offen die Larve wegwarf, grinsend die Peitsche über ihr schwang und sie in Netze zog, aus denen kein Entrinnen mehr war«. Die Moral von der Geschicht': »Nimm keinen Teufel in dein Haus, auch wenn er noch so klein wäre, denn er wird dir über den Kopf wachsen und dich verderben …« (zit. nach Betz, S. 49 f.).

Im Falle Ludwigs bedeutete dieses »Verderben« 1848 den Ausbruch einer Revolution, die ihn zwang, zugunsten seines Sohnes Maximilian II. Joseph (reg. 1848–1864) abzudanken.

Moritz von Schwind, Der Teufel und die Katz, *Karikatur König Ludwigs I. von Bayern und der Tänzerin Lola Montez aus den »Fliegenden Blättern«, Nr. 73, 1847.*

Naturliebe, Reiselust und das Stille Glück im Winkel

Doch zurück zu Carl Spitzweg. Seine produktivste Schaffensphase wird durch eine rege Wander- und Reisetätigkeit eingeleitet, in deren Folge sich sein Leben zwischen mehreren Polen abzuspielen beginnt. Da ist zum einen die reiche Inspiration, die ihm das Wandern und Skizzieren in der freien Natur in der unmittelbaren Umgebung Oberbayern und Frankens verschaffen – er füllt dabei ganze Skizzenbücher, die ihm später als Grundlage für seine beliebtesten Bilder dienen werden. Zum anderen unternimmt er bis in die sechziger Jahre zahlreiche Reisen mit Postkutsche und Eisenbahn, u. a. mehrmals nach Italien, 1849 nach Böhmen, Karlsbad und Prag, zu den Industrie- und Weltausstellungen von Paris und London 1851, 1862 nach Wien und immer wieder nach Franken, wo er malerische Motive für seine Kleinstadtbilder findet (vgl. Wichmann, »Carl Spitzweg. Reisen und Wandern«). Und schließlich beschäftigt ihn die Suche nach einer dauerhaften Bleibe!

Nach mehreren Umzügen in der Münchner Altstadt (1842 in die Pfandhausgasse 3 und 1858 in die Neuhauser Gasse 11/2) findet Spitzweg 1863 endlich seinen »Glücklichen Winkel« am Heumarkt (heute: Jakobsplatz) im Hause des »Tändlers Hasenmüller«, wo er jedoch laut Wichmann erst 1875 das endgültige Wohnrecht erhält. Die vier Räume umfassende Wohnung, weniger repräsentativ als gemütlich und den Bedürfnissen des Malers angepasst, wurde später von seinem Freund, dem Maler und Kunstschriftsteller Friedrich Pecht, beschrieben:

»Das Vorzimmer war mit angefangenen Bildern, fremden und eigenen Kunstwerken vollgestopft, im kleinen Atelier hingen alle Wände voll davon. Von diesem gelangte man in die zu einer Galerie der Werke seiner Freunde [Heinrich] Bürkel, [Eduard] Grützner, [Eduard] Schleich, [Moritz von] Schwind, [Bernhard] Stange u. a. umgewandelten Prunkstube. Ein dahinterliegendes, seit Dezennien stets verschlossenes Zimmer hütete er wie Ritter Blaubart den obersten Söller seiner Burg. Nach seinem Hinscheiden fanden sich darin die Studien, unvollendete Bilder und Skizzenbücher vom Anbeginn seiner Künstlerlaufbahn aufgestapelt.« (zit. nach Wilhelm Spitzweg)

Hyazinth Holland, ein anderer Freund Spitzwegs, bereichert das Bild noch um folgende Details. Wir erfahren von dessen »etwas brummige[m] Hausgeist Fanny«, der »für energische Abwehr [sorgte]. Selbst der kunstsinnige Prinzregent Luitpold, der mit seiner Schwester Adelgunde schon in früher Morgenstunde die Künstler besucht und sie sogar bisweilen aus den Betten scheuchte, musste erst die zögernde Hauserin auf die Seite schieben und sich so freie Bahn schaffen in die Werkstube oder in den nebenan liegenden Schlafraum, um sich etwas anzusehen oder gar auszusuchen. Für Spitzweg war es immer ein Kummer, wenn er sich von seinen lieben ›Kindeln‹ [...] trennen und eines verkaufen sollte.

Wenn er aber verkaufte, dann hielten sich seine Preise in mäßigen Grenzen – auch für die damalige Zeit.« (zit. nach Wilhelm Spitzweg)

Holland berichtet auch von Spitzwegs sprichwörtlicher Liebe zur Zigarre, deren Holzkisten er gerne als Malgrund für seine meist kleinformatigen Bilder verwendete: »Auffällig war die Anzahl schwerer, stark angerauchter, hölzerner Zigarrenspitzen, die getrocknet zum Wiedergebrauch unter dem Atelierfenster lagerten. Ein gichtbrüchiges Sofa bot kaum behaglichen Sitz. An einem nicht meterlangen Tischchen genoß der Insasse sein Mittagessen und Abendbrot, wozu eine kleine grüne Blechlampe mit dito Schirm die Beleuchtung konzentrierte.« (zit. nach Uhde-Bernays)

Ebenso liebte der Maler Bücher: »In seiner kleinen Bibliothek standen neben solchen [Büchern] erzählenden Inhalts auch Reisewerke, neben den Klassikern auch Jean Paul, den er leidenschaftlich verehrte.« Diese gewährten ihm, sobald es dunkelte, im Schein der bereits erwähnten »Petroleumlampe mit dem grünen Schirm« Trost und Freude. Er erwarb sie mit Vorliebe in Antiquariaten, wie aus einem Brief vom September 1848 hervorgeht: »Ich komme mit Büchern an, bei einem Antiquar hab ich im Verbeigehen beyläufig? Zentner erstanden« (zit. nach Wilhelm Spitzweg), und selbst auf seiner großen Parisreise im Jahre 1851 (s. S. 98) lässt er es sich nicht nehmen, an einem Bücherstand an der Seine diverse Druckwerke zu erstehen, die er mit der Post voraus nach München schickt.

Rechts: Carl Spitzweg, Der Bücherwurm *(Ausschnitt), um 1845, Privatbesitz (WWV 540).*

Seite 28/29: Carl Spitzweg, Der Angler, *um 1841, Privatbesitz (WWV 283)*

Ein Kuriosum aus Künstlerhand – Kulinarische Dossiers

Ein originelles »Kochbuch« verehrte Spitzweg seiner Nichte Caroline (genannt Line oder Lina, 1856–1911), der jüngeren Tochter seines Bruders Eduard: 31 Rezepte auf (ursprünglich gebundenen) Einzelblättern aus handgeschöpftem Papier. Die Bögen im Format von ca. 220 x 155 mm verzierte er in Collagetechnik mit Bildfragmenten aus Illustrationswerken, Tageszeitungen und Zeitschriften, wie den »Fliegenden Blättern« oder dem »Bayerischen Punch«. Anschließend überarbeitete er sie mit Farbe oder den Mitteln der Zeichnung und versah sie handschriftlich mit Texten in violetter Tinte. Ergebnis war eine ironisch-poetische Verfremdung der im Grunde prosaischen Materie, oft in geradezu phantastischer Manier (heute Museum Georg Schäfer, Schweinfurt, Inv.-Nr. MGS 188-B, Blatt 1–31, WWV 1623–1653, vgl. Übersicht S. 156 ff.).

Der erkleckliche Aufwand, den der Maler hier betrieb, legt nahe, dass die Gabe aus besonderem Anlass erfolgte. In Frage kommt Lines Verlobung oder Hochzeit mit Major Karl Loreck – in diesem Fall ist die Entstehungszeit der Blätter etwa auf die Jahre 1865/67 anzusetzen. Außerdem lässt der persönliche Charakter des Geschenks auf ein vertrautes Verhältnis zwischen Onkel und Nichte schließen, das jener auch ein müheloses Verständnis der in den Collagen versteckten Anspielungen ermöglichte. Obendrein ist an den markanten Gebrauchsspuren abzulesen, dass die Rezepte tatsächlich praktische Anwendung im Haushalt fanden. Dieses reizvolle Kuriosum von prominenter Künstlerhand wurde von Siegfried Wichmann in einem Schrank der 80-jährigen Frau Ella Loreck in München entdeckt und erstmals 1962 veröffentlicht, 2002 erfolgte eine Neuausgabe der »kulinarischen Privatdossiers« (Wichmann) kurz nach der Einweihung des Museums Georg Schäfer, in das die Blätter aus Privatbesitz gelangten (Hrsg. Jens Christian Jensen).

Ein launig-skurriles Geschenkbuch

Aufgrund der Lösung der Bindung ist die ursprüngliche Reihenfolge der Rezepte nicht rekonstruierbar. Es handelt sich jedoch ohnehin nicht um ein Kochbuch im klassischen Sinne, eher um eine lockere Kompilation von Rezepten mit Raum für Anmerkungen – nicht ohne praktischen Wert, aber vorrangig gedacht als launiges Geschenkbüchlein, das dem Künstler Gelegenheit gab, seine skurrile Gedankenwelt kulinarischen Kontext zu entfalten.

Im bunten Reigen der Sammlung finden sich Beispiele fast surrealer Komik. So verweist Spitzweg etwa bei dem Rezept »Marmelade von Kirschen« (Blatt 24, Abb. S. 37) darauf, sie werde »genauso bereitet wie die Erdbeeren Marmelade«, um mit gespieltem Ernst fortzufahren: »nur mit dem Unterschied, dass anstatt der Erdbeeren Kirschen genommen werden, was wohl zu beachten«. Unter »Marmelade von Erdbeeren« (Blatt 23) findet sich dann aber nur die lakonische Bemerkung: »Hier gilt dasselbe wie bei der Bereitung der Kirschenmarmelade. Siehe diese« – ein Rezept sucht man also vergebens! Durch die marmorierte Struktur, die Spanschachtel und Krug hinterfängt, wird zudem das Wortspiel Marmor – Marmelade spielerisch ins Bildhafte übertragen.

Auf einem Wortspiel basiert auch die Collage zu Blatt 6 »Schüh oder braune Kraftbrühe« (Abb. S. 135). Sie zeigt vier einzelne Schuhe, also »Schüh«, was – wie der zugehörige Text doziert – die korrekte Aussprache für »jus« sei: »Die Franzosen schreiben ›jus‹ sprechen aber auch wie wir ›Schüh‹!« Da die Umlautstriche bei jedem einzelnen »Schuh« (Singular!) fehlen, hat Spitzweg sie – welch aparte Idee! – ausgeschnitten und fein säuberlich darüber geklebt. Für das Rezept selbst findet sich lediglich ein allgemeiner Quellenhinweis: ein nicht näher definiertes »Wiener = Kochbuch Seite 5. ff.«. Bei der Einbrennsuppe »Einbrennet's« (Blatt 9, Abb. S. 59) steht am Ende die Warnung, man solle sie unter »beständigem Rühren mit besonderer Vorsicht« zubereiten, »daß es nicht branstig wird, wie etwa oben im Bilde!«: Dieses zeigt einen Mann mit wildem Haarkranz, der sich die Frackschöße von einem Bärtigen mit rot glühendem Eisen bügeln lässt – offensichtlich bei zu großer Hitze, wie der aufsteigende Rauch andeutet …

Max und Moritz als Knödel in der Terrine (Ausschnitt, vgl. S. 147)

Die personifizierten »Gries = Knödl« (Blatt 12, Abb. S. 147), eine »Mehlspeise à la Munic«, grinsen fröhlich bis nachdenklich aus ihrer Terrine. Der erfahrene Leser der »Fliegenden Blätter« glaubt in den beiden linken »Knödeln« die Gesichter von »Max und Moritz« (erschienen 1865) zu erkennen, Protagonisten einer der beliebtesten Bildergeschichten von Wilhelm Busch (1832 bis 1908), der um 1859–1871 (und damit deutlich später als Spitzweg selbst) für die bekannte Zeitschrift als Illustrator tätig war. Dagegen illustriert ein Rebus aus einem ausgeschnittenen S + Illustration einer »Uhr« + dem Wort »Fleisch« das »Suhr= Fleisch« (»Sauerfleisch«, Blatt 14, Abb. S. 67).

Eine Figur, die Spitzweg häufig in seinen Ölgemälden persiflierte, der Sonntagsjäger (vgl. Titelbild), ist auch in der Rezeptsammlung präsent, und zwar gleich zweimal. In der Illustration zum »Gestürzten Has« (Blatt 18, Abb. S. 141) schlägt er, vom Rückstoß seiner Flinte umgeworfen, gemeinsam mit dem Hasen Purzelbaum, während das auf dem Kopf stehende Wort »[Meister] Lampe« auf den »Sturz« anspielt. Die »Jäger = Schnitten« (Blatt 26, Abb. S. 39) wiederum illustriert im buchstäblichen Sinn ein Zusammen-»Schnitt« dreier skurriler Jagdszenen: Jäger und Treiber mit der erlegten »Strecke« – ein Hase in Jagdkluft im Gespräch mit einem rauchenden (!) Artgenossen – ein behäbiger Jäger unter einem Busch, dem gerade die Brotzeit stibitzt wird.

Auf die Spitze treibt der Maler solche Spielereien, indem er etwa bei den »Löffel-Bisquits« (Blatt 28, Abb. S. 71) als »Material-Collage« zwei Exemplare über den Text als »Photographien nach der Natur« auf gelblich getöntes Papier klebt oder die Rezeptbezeichnung »Eingeschlagene Eier« (Blatt 13, Abb. S. 63) einfach wörtlich nimmt: Aus dem Bild der (lädierten) »Eier im Nest« mit Federn, Blüten und Blättern rinnt das Eigelb in den Text des Rezepts. Damit nicht genug, setzt er als Nachbemerkung hinzu: »NB In manchen Ländern werden sie [die ›Eingeschlagenen Eier‹] mit Unrecht ›verlorene Eier‹ genannt. In diesem Falle wären sie ja aber nicht mehr da!«

»Exotische« Reflexe in afrikanische Gefilde enthält die ovale Rezeptillustration für »Waffeln à la Camerun, Congo und New Guinea« (Blatt 25, Abb. S. 69), Ausgangspunkt für einen nach heutigen Begriffen recht naiven, diskriminierenden Scherz: Die Aussage, dieses Gebäck müsse »auf einer Seite nach unten hin etwas ausgeweitet werden«, erhält ein bildliches Äquivalent durch die an Waffeleisen erinnernden übergroßen Lippen der Eingeborenen. Hierzu musste der Maler die gedruckte Vorlage manipulieren, zudem strich er die Untertitel des Originals (»Äthiopier«, »Kaukasier« und »Mongole«) im Sinne des Rezeptes durch.

Manche Illustrationen enthalten auch »politische« Anspielungen, wie diejenige für »Roth-Wild« (Blatt 17, Abb. S. 145): Ohne irgendein Rezept zu verzeichnen, dient sie lediglich als Aufhänger einer Anspielung auf die »wilden Roten« (Jensen): Das sind die Freischärler, die der italienische Nationalist und Republikaner Giuseppe Garibaldi kurz zuvor (1860) in seinem »Zug der Tausend« gegen Sizilien geführt hatte. Übrigens: Anders als Spitzwegs Collage suggeriert, zählt man Hasen nicht zum Rotwild …

Vorbilder und Quellen

Bei komplizierteren Rezepten nennt Spitzweg zuweilen seine Quellen, so etwa für die spanische »Olla potrida«, deren Rezept er offensichtlich aber nicht auf Reisen kennen lernte: »Mr. Jean Neubauer[s] ›allerneuestes Kochbuch‹, München 1774 im Verlag Joh. Nep. Fritz« [i. e. Ders., »Allerneuestes Kochbuch, welches lehret, wie man auf die allergenaueste, delicateste und sparsamste Art arbeiten, die Speisen machen, und heutiges Tags servieren soll. Nicht minder, wie die sämmtlichen Speisen in französischer und deutscher Sprache zu benennen«].

Neubauer, Autor jenes anspruchvollen Werkes (mit Schwerpunkt auf der französischen Küche), war immerhin Chefkoch des bayerischen Ministers Graf von der Wahl. Selbst Karl Friedrich von Rumohr (1785–1843) zollt ihm in der Einleitung seines viel gelesenen Kompendiums »Geist der Kochkunst« (1822 in München bei Cotta unter dem Pseudonym Joseph König erschienen), einem umfassenden Versuch, die nationale deutsche Küche zu reformieren, einen gewissen Respekt innerhalb seines allgemeinen Rundumschlags gegen das damals offensichtlich bereits verstärkt um sich greifende Unwesen der Kochbücher – »diese[r] planlosen Anhäufungen von allerlei höchst widersinnigen Vorschriften«. So gesteht dieser Neubauers Werk zu, es sei »der Form nach weniger wissenschaftlich, aber die Anweisungen […] im französischen Geschmack und brauchbarer«.

Als Quellen Erwähnung finden auch das »Vollkommene Kochbuch« von Joseph Willet (Karlsruhe 1846) für den »Gestürzten Has« (Blatt 18), »Der wahre Pariser Koch« von St. Martin für die »Künstliche Schildkrötensuppe« (Blatt 7) sowie ein nicht näher definiertes »Wiener = Kochbuch« für die »Braune Kraftbrühe« (Blatt 6). Vieles verdankt sich außerdem Erinnerungen aus der Kinderzeit: So seien die »Bauch-Stecherln« (Blatt 27), »ähnlich wie [die] Jäger = Schnitten« (Blatt 26), »einst, vor vielen Jahren, hier in München ein feiner Leckerbissen für Kinder und bei der Gutl = Frau am Hofgarten per Stück zu 1 Kreuzer zu haben [gewesen]. Selige Erinnerung!«

Als imaginärer Urheber des Kalbskopf-Rezeptes (Blatt 15, Abb. S. 65) tritt ein (so handschriftlich bezeichneter) »maître d'hôtel« in Erscheinung, bei dem der schäumende Bierkrug und die rote Säufernase eher zum deftigen Schmaus passen als zu dessen vornehmer französischer Betitelung. »À la maître d'hôtel« bezeichnet heutzutage übrigens seltener die Spezialität eines Küchenchefs als vielmehr ein Gericht, das mit Kräuterbutter garniert wird.

Die Darstellung zweier parlierender Mönche kann hingegen auf klösterliche Provenienz der Rezepte hindeuten (Blatt 19 und 29, Abb. S. 109 und 111) –

Carl Spitzweg, Bei der Gutlfrau, 1858, Bleistift auf Papier, Privatbesitz, München: eine »Selige Erinnerung«, der sich nicht zuletzt die dekorativen Blätter »Bauch-Stecherl« oder »Jäger-Schnitten« verdanken …

durchaus nicht abwegig, hält man sich vor Augen, dass sich Spitzweg als Maler über Jahrzehnte für Mönchen und Eremiten interessierte (vgl. auch S. 90 f.).

Mangels einer originalen Blattzählung folgen wir hier Jensens Kategorisierung. Dieser unterscheidet – nahe liegend – zwischen Getränken, Suppen, Saucen, Mehl- und Eierspeisen, Kalb und Rind, Wild, Geflügel, Würsten, Marmeladen, Süßspeisen und Gebäck. Wie er in seiner Neuausgabe zu Recht bemerkt, ist die Sammlung in sich nicht ausgewogen und teils unvollständig, betrachtet man sie als Rezeptbuch: So finden sich einerseits zahlreiche Beispiele für Suppen, Süßspeisen und Gebäck, andererseits fehlen die angekündigten Rezepte für »Roth«- und »Schwarzwild« (Blatt 17, 19), ebenso Fischgerichte, und es gibt nur ein einziges Geflügelgericht (Blatt 20). Und schließlich findet man auch nur eine Eierspeise (Blatt 13) – vielleicht gingen die restlichen Eier, in Spitzwegs (wörtlichem) Sinne, einfach verloren …

Bratwürstel auf Kren-Kartoffel-Püree

4 Paar kleine Schweinsbratwürstchen
Butter- oder Schweineschmalz
einige Zwiebelringe (nach Wunsch)

Für das Kartoffelpüree:
1 kg mehlige Kartoffeln
gut 250 ml kochende Milch
20 g Butter
Salz
1 Stück Meerrettichwurzel (Kren), frisch gerieben

Erst das Püree herstellen:
Geschälte Kartoffeln als Salzkartoffeln garen. Noch heiß durch die Kartoffelpresse drücken. Kochende Milch, Butter und eine gute Prise Salz darunter rühren und gründlich abschlagen, bis das Püree locker, fast schaumig ist. (Wenn nötig, noch etwas Milch zugeben.) Mit fein geriebenem Kren abschmecken und warm stellen.

Die Würstchen von beiden Seiten goldbraun braten und aus der Pfanne nehmen. (Auf Wunsch anschließend darin die Zwiebelringe bräunen.)
Auf vorgewärmten Tellern das Püree mit Würstchen anrichten und nach Belieben mit den Zwiebelringen bestreuen.

Der Staubbach.

Schweizer Landjäger.

für Kenner neu ausgezeichnete Wurst-
Gattung — auch im Auslande vortheilhaft
bekannt.

Die ziemlich verbreitete Meinung, daß
der Hauptbestandtheil derselben aus Stein-
bockfleisch und Murmelthier Speck bestehe,
oder aus Fleisch von durch Sturz verunglückten
Engländern und sonstigen Touristen — oder
gar von erschossenen Landvögten, gehört
wohl ins Reich der Märchen —.

Kirschmarmelade

1 kg Kirschen
1 kg Gelierzucker
(nach Belieben Kirschwasser zum Verfeinern)

Zum Abfüllen:
saubere, heiß ausgespülte Marmeladen- oder Einmachgläser mit Schraubdeckeln

Die Kirschen waschen und entsteinen. In einem großen Topf zusammen mit dem Zucker (und eventuell dem Kirschwasser) unter Rühren zum Kochen bringen. So lange köcheln lassen, bis ein Tropfen der Masse, den man auf einen kalten Teller fallen lässt, zu gelieren beginnt. Eventuell sich bildenden Schaum von der Oberfläche abschöpfen. Die Masse noch heiß bis an den oberen Rand in Gläser füllen und mit dem Schraubdeckel verschließen.

Bei Verwendung von Erdbeeren, die einen geringeren Pektingehalt aufweisen, sollte der Zuckeranteil bis um ein Viertel erhöht werden. Alternativ kann man die Beeren auch mit anderen Früchten mischen (z. B. Äpfeln oder Rhabarber).

Marmelade von Kirschen.

wird ganz so bereitet wie die Erdbeeren.
Marmelade: nur mit dem Unterschied, daß
anstatt der Erdbeeren Kirschen genommen
werden, wird wohl zu berichten.

Jäger-Schnitten

250 g Puderzucker
6 Eier
250 g Mehl, gesiebt
75 g süße Mandeln (geschält, in feine Stifte geschnitten
und in einer Pfanne ohne Fett leicht angeröstet)
etwas Anis
Butter zum Fetten einer Backform

Den Backofen auf 200 °C vorheizen.

Den Puderzucker mit den Eiern zu einer schaumigen Masse verrühren. Mehl, Mandeln und Anis hinzufügen und das Ganze gut
vermengen. Den Teig in eine ausgebutterte längliche Form füllen
und im Ofen etwa 20 Minuten backen.

Ausgekühlt und aus der Form gestürzt, wird der Kuchen in etwa
$1/2$ cm dicke Scheiben geschnitten, die man auf Wunsch im Ofen
noch einmal aufbäckt.
Schmeckt als Gebäck zu Kaffee und Tee oder – besonders edel –
zu (Süß-)Weinen, wie Trockenbeerenauslesen oder Vin Santo.

Jäger = Schnitten.

280 gramm geschlagener Zucker wird mit 8 ganzen Eiern recht flaumig gerührt, 280 gram Mehl, 70 gram geschälten fein länglich geschnittene Mandeln und ein wenig Anis darunter gerührt, dann in einer mit Butter gefüllten länglichen Form gefüllt und in einem abgekühlten Ofen gebacken. Gestürzt und ausgekühlt schneidet man 2 messerrücken Dicke Schnitten, welche man im Ofen oder auf einem Roste bähen kann, die sehr gut zum Kaffee, Thee, oder Wein sind.

Bauchstecherln

300 g Weizenmehl
ca. 125 ml heißes Wasser
etwas Salz

Zum Rösten:
2 Eier
Salz
30 g Fett
2 EL Semmelbrösel

Aus Mehl, Wasser und Salz einen festen Nudelteig bereiten und etwa bleistiftdicke, fingerlange Nudeln formen. In kochendem Salzwasser 5–10 Minuten garen und abtropfen lassen.

Eier mit Salz verquirlen. Das Fett in einer Pfanne zerlassen und die Nudeln darin leicht anbräunen. Mit Eiermasse übergießen, mit Semmelbröseln bestreuen und im Rohr kurz überbacken.

Bruch = Stecken.

ähnlich wie Jäger = Schütten

wegen wird, von vielen Jahren, hier in
München ein feiner Leckerbißen für Kinder
und bei den Gütl = fasu am Hofgarten
per Stück zu 1 Kreuzer zu haben.

Selige Erinnerung !

Bischof (heißer Gewürzwein)

0,75 l Rotwein (z. B. Burgunder)
100 g Zucker
$^1/_4$ Stange Zimt
mehrere Scheiben unbehandelte Orangen oder ganze Kumquats
(Zwergorangen), leicht eingekerbt

Wein mit Zucker und Zimtstange erhitzen, jedoch nicht kochen lassen. In der Zwischenzeit die Orangenscheiben oder Kumquats in einer Pfanne leicht erhitzen und noch heiß in den Wein geben. Etwas ziehen lassen, anschließend abseihen und als Glühwein servieren.

Hypocras (kalter Gewürzwein)

1,5 l Rotwein
ca. 200 g Zucker (nach Geschmack)
Schale von je 1 unbehandelten Zitrone und Orange
2 Gewürznelken
$^1/_4$ Zimtstange
6 Muskatblüten
1 Hand voll süße Mandeln, grob zerstoßen

Wein und Zucker in einen großen Krug geben, Zitronen- und Orangenschale, Gewürznelken und Zimtstange, Muskatblüten und Mandeln hinzufügen und das Ganze gut verschlossen etwa 24 Stunden durchziehen lassen.

Anschließend gründlich filtrieren und als Dessertwein zu Süßspeisen oder Kuchen servieren.

Bischof.

(Episcopus in partibus fidelium)

für ausgezeichnetes Getränk. Auf jede Flasche Roth=
wein (guten Burgunder) 8—12 Loth rohen oder ge=
rösteten Zucker. Dann röstet man kleinen grünen
oder gelben Pomeranzen, nachdem man sie etwas ein=
gekerbt hat, über Kohlenglut und thut sie noch
heiß in den Wein.

»Weiß Gott, wie trink ich das Bier so gerne …«

Die meisten Straßen trugen noch das schlichte Äußere des alten Bürgertums, und über den Türen der Handwerkshäuser las man auf den Schildern das unvermeidliche ›bürgerlich‹ dem Lebzelter, Salzstößler usw. vorgesetzt. Sprachen und Sitten waren damit im Einklang, auch die Wohlfeilheit der Lebensmittel. Treffliches Bier verlangte der Taglöhner ebenso unverfälscht zu trinken wie der Bankier, da es mit einem Stück guten Brotes oft die einzige Nahrung der ärmeren, schwer arbeitenden Volksklasse ausmachte […]. Man sah in den Bräuhäusern Studenten, Soldaten, reiche Bürger, Handwerksburschen und elegante Herren gemütlich nebeneinander sitzen. Gutes Bier war die Losung, und München war damals auch wegen seiner Naturwüchsigkeit und Wohlfeilheit ganz besonders das Dorado für die Künstlerwelt.« (zit. nach Betz, S. 18 f.)

Soweit der Eindruck des Hamburger Malers Friedrich Wasmann (1805–1886), der 1829 in die bayerische Landeshauptstadt kam, um bei Peter von Cornelius zu studieren. Damals wurde die kulinarische Kultur in München vom Bierausschank beherrscht.

Seite 44/45: Carl Spitzweg, Wirtshaus am See (Ausschnitt), um 1865, Bundesrepublik Deutschland (WWV 1313).

Kulinarischer Tagesablauf eines Münchner Bürgers

Der Schriftsteller und Publizist August Lewald (1792–1871) bestätigt Wasmanns Eindruck sieben Jahre später in dem Literaturblatt »Phönix«, Nr. 12/25 vom März 1835, wo er unter dem Titel »Panorama von München« den kulinarischen Tagesablauf eines gut gestellten Münchner Bürgers liefert: »Ein Münchner Bürger, der einigermaßen sein Auskommen hat, arbeitet wenig und lebt nur dem Vergnügen. […] Er steht nicht zu früh auf und ißt mit seiner Frau die Morgensuppe, die bald aus Brot, bald aus geröstetem Mehle besteht und durch Pfeffer sehr pikant gemacht wird und zum Trunke reizt.«

Ein Frühstück, wie wir es heute einnehmen, kannte man damals noch nicht. Noch bis ins frühe 20. Jahrhundert verzehrte man morgens zum »Frühmahl« eine warme Mahlzeit, je nach gesellschaftlichem Stand mehr oder weniger gehaltvoll: Zu Kartoffelgerichten mit Speck oder deftigen Brotsuppen trank die weniger begüterte, in der Regel schwer arbeitende Bevölkerung Milch oder Kaffee-Ersatz, während sich die gehobene Bürgerschicht mit einem feineren, allerdings mit zahlreichen Eidottern gebundenen Süppchen auf Basis von Bier, Wein oder heißer Schokolade zufrieden gab. Denn man bemühte sich, sich angesichts der im Laufe des Tages noch folgenden Genüsse den Magen nicht allzu sehr zu belasten.

Die Hauptmahlzeit war das Mittagessen, sie verlagerte sich erst mit zunehmender Industrialisierung auf die Abendstunden, als – zumindest in den entsprechenden Kreisen – immer häufiger gesellschaftliche Einladungen, Opern- oder Theaterbesuche auf dem Programm standen. In München gab es, wenn man den Worten Lewalds trauen darf, zur Mittagszeit typischerweise »eine sogenannte eingekochte Suppe, eine Fleischbrühe mit irgendeiner Art von Mehlteig; dann das Voressen aus dem Kopfe, den Füßen oder Eingeweiden des Kalbes bestehend, in saurer Tunke, und endlich das Rindfleisch […] mit Gemüse«.

Nach dieser Mahlzeit wurde »ein kurzer Schlummer nicht verschmäht und dann im eigenen Einspänner oder zu Fuße […] eine weitere kurze Promenade gemacht. Das kopiöse Frühstück, das den Appetit vom Mittag verdrängt, ist jetzt verdaut, und man fühlt sich geneigt, Schinken, Käse und Wurst zu verzehren und einige Gläser Bier dabei zu trinken. Die Frau, wenn sie den Mann begleitete, wird nach Hause gebracht, und dieser stopft seine Pfeife von neuem […] und geht in den [Sommer-]Keller, um sein Bier zu trinken und mit einem Stück Kalbsbraten oder einem gebratenen Huhn die Reihe der täglichen Mahlzeiten auf eine würdige Weise zu beschließen. Der Winter macht hierin nur insofern eine Abänderung, als statt des Kellers am Abend irgendein Kaffeehaus oder eine geschlossene Gesellschaft besucht wird.« (zit. nach Böhmer, S. 208)

Fast- oder Feiertage

Eine Ausnahme von dieser Speisenfolge bildeten nur »Fast«- und »Feiertage«, die im Kirchenjahr genau festgelegt waren: »An dem ersten wird die Fastensuppe, Knödel und Nudel aufgetischt, an dem letzteren erscheint ein Kalbsbraten und Salat und an den höchsten Feiertagen, den Kirchweihen usw., wohl noch ein Ragout in Pastetenteig […].« (Lewald)

Natürlich war es nicht sehr verlockend, längere Zeit den leiblichen Genüssen zu entsagen, besonders, wenn man bedenkt, dass sich die jährlichen Fastenzeiten insgesamt auf immerhin 120 Tage summierten: So gab es »neben dem Dreikönigsfasten das vierzigtägige Fasten zu Ostern, das Ernte-, das Martini-, das Weihnachts- und das Sylvesterfasten und noch etliche weitere, kleinere Fastenpausen und überdies den allwöchentlichen Freitag« (Horn, S. 63). Trotz Einhaltung der offiziellen Fastenvorschriften bemühte man sich daher, hier und da ein Hintertürchen offen zu lassen, und es gab sogar Kochbücher, die sich ganz auf Fastenspeisen konzentrierten. So enthielt ein Augsburger Kochbuch von 1717 nicht weniger als 136 derartige Gerichte. Auch wenn sich die Fastenregeln im Laufe der Jahrzehnte lockerten, engten sie doch das Speisenangebot erheblich ein, so dass sie ambitionierten Köchen einiges an Kreativität abverlangten:

»In früheren Zeiten wurde das Fastengebot noch so streng eingehalten, daß man nichts, das von gewissen Tierarten herkam, ja nicht einmal Eier und Butter genoß, sondern selbst in Bayern […] nur mit Olivenöl kochte, bis 1480 Papst Sixtus VI. eine Befreiung vom ausschließlichen Gebrauch von Öl erteilte. Eine gute Weile länger aber dauerte noch die gänzliche Enthaltung von allem Fleisch. Man begnügte sich mit Mehlspeisen, Gemüsen, Früchten von Ölpflanzen, Hülsenfrüchten, Brot und Brotspeisen und insbesondere mit Fischen. […] Gerade die Fische aber waren es, die schlauen Mönchen einen Ausweg wiesen: Sie gesellten Fischen einfach andere Was-

Carl Spitzweg, Gesellschaft im bürgerlichen Brauhaus in München *(Ausschnitt), um 1855, Privatbesitz (WWV 145).*

sertiere zu, wie etwa den Biber, den Fischotter, Robben, Schnecken, Frösche, ja sogar ›Duckäntel‹, Rohrhühner usw.« (Horn, S. 63 f.)

Alte bayerische Kochbücher lassen sich meist in extenso über die diversen Fastenspeisen aus, die sogar das Ausmaß üppiger Bankette annehmen konnten, wie das »Baier'sche Kochbuch« der Anna Klara Messenbeck von 1850 zu berichten weiß: »Ganz ordinäre Fastensuppe, Weiße Schü-Suppe zu Fastenspeisen, Zwudelsuppe, Fastenknödel, Pastöttn zur Fasten aus Fisch und Aal, Karpfen gefüllt mit Austern zur Fasten, Pastete von Hechten und Krebsen und Forellen (Fastenrezept), Lungenbraten von einem Karpfen, Hechten mit Champion-Soß, Gebratener Biber, Gebratener Fischotter zur Fastenzeit« (zit. nach Horn, S. 64 f.). Selbst die Wirte waren angehalten, ihren Gästen zu dieser Zeit unter Strafandrohung nur Fastenspeisen zu servieren.

Münchner Bierkultur

Bürgerliche Bierruhe, *Karikatur aus der Zeit des Krimkriegs in den »Fliegenden Blättern« (1855). Der Achtzeiler darunter formuliert die Gedanken des bayerischen »Bierdimpfels«, die nur um die Höhe des Bierpreises kreisen:*
»Was gehen mich die Türken an, / Die Türken und die Russen, / Ob sie sich beid' verklopfen thun, / Verklopfen und vernussen! – Ich bin ein deutscher Patriot / Und sonst ein guter Bayer; / Ich trink' mein' Maßl Bier, o Gott: / Wär's nur nit gar so theuer!«

Bereits seit Ende des 18. Jahrhunderts hatte sich in München eine eigene »Bierkultur« entwickelt, in Form der »Sommerkeller« genannten außerstädtischen Lagergewölbe der damals etwa sechzig Brauereien. Sie wurden erst im Gründungsboom um 1870 von neuen Bierpalästen innerhalb der Stadt abgelöst – Ergebnis eines umfassenden Modernisierungsprozesses und einer immer offensiver werdenden Expansionspolitik des Braugewerbes. Mit »großzügigen und hellen Räumen, bequemem Mobiliar und dekorativer Ausstattung« entsprachen sie »der sich wandelnden Erwartungshaltung des städtischen Publikums, das nach einer Verfeinerung der Gastkultur verlangte« (Uli Walter, in: »Wirtshäuser in München um 1900«, S. 28). Legendär waren auch die Kellerfeste, die seit Mitte des 19. Jahrhunderts im Löwenbräu-, Salvator- oder Pschorrkeller veranstaltet wurden (Abb. S. 50).

Eine zweite, allerdings allmählich aussterbende Traditionslinie bildeten die zu den Lokalen mittlerer Größe zählenden Brauhäuser in der Münchner Altstadt, die außerhalb der Sommersaison den konzessionsfreien Direktausschank übernahmen: »Ein Brauhaus besaß in der Regel zwei bis drei relativ kleine Räume im Erdgeschoß des vorderen Gebäudeteils, dazu eine Küche und eine Schankstube [...].« (ebd., S. 28)

In Spitzwegs Jugendzeit lagen »in nächster Nähe [der elterlichen Wohnung] der Augustiner- und Pschorrbräu mit ihren Sudhäusern, der Malzdarre; die ganze Neuhausergasse gehörte ja ihnen vom Karlstor bis hinunter zum Schrannenplatz [heute in etwa Viktualienmarkt]« (Wilhelm Spitzweg).

Bayerische Esskultur

Das Kellerfest zu Ehren der deutschen Alterthums- und Geschichtsforscher auf dem Löwenbräukeller zu München, *Holzstich nach C. E. Döpler. Aus: »Leipziger Illustrierte Zeitung«, November 1860. Eines der legendären Feste verschiedener Vereine, die seit Mitte des 19. Jahrhunderts in den großen Bierkellern stattfanden.*

Dazuzurechnen ist auch der bereits an anderer Stelle erwähnte gotische Stubenvollkeller am Unteranger (s. S. 23), Treffpunkt von Spitzwegs Künstlerfreunden und Ort erregter Diskussionen … Zu diesem Lokal, übrigens Veranstaltungsort legendärer Künstlerfeste, das »eng, unbequem und rauchig, aber auch immer noch romantisch genug« gewesen sein soll (Wolf), kolportiert Wilhelm Spitzweg u. a. folgende Anekdote: Dort habe sich die Nachricht verbreitet, Spitzwegs »Hosenflickende Schildwache« (vermutlich das Bild *Torwache*, um 1831, WWV 553) sei bei seiner Verlosung im Kunstverein Nürnberg ausgerechnet an die Vorsteherin eines Mädcheninstitutes in Dessau gefallen, die aus Sittlichkeitsgründen kategorisch ein anderes Bild verlangt habe. »Als die Kunde hiervon zu den zechenden Kunstbrüdern des Stubenvollkellers drang, sollen die Wände der biergeschwängerten Stammkneipe von homerischem Gelächter gedröhnt haben.«

Stickigkeit, räumliche Enge und mangelnde Sauberkeit waren in den Brauhäusern ebenso charakteristisch wie die karge Innenausstattung mit großen Tischen und meist lehnenfreien Bänken. Aufgrund all dieser Unbequemlichkeiten, verbunden mit mangelnder sozialer Distanz, die namentlich dem aufstrebenden Bürgertum missfallen musste, wurden gerade diese Brauhäuser in starkem Maße Opfer des zwischen 1820 und 1870 einsetzenden Konzentrationsprozesses. Dieser ließ sie schließlich auf nur noch etwa zwanzig Betriebe schrumpfen, die weiterhin das Braurecht ausübten. »Im Sommer war es in diesen rauchigen, dumpfen Kneipen kaum auszuhalten. Man zog es deshalb vor, auf einem Bierkeller zu sitzen, noch lieber im ›Prater‹ oder ›Grünen Baum‹, wo sich [Peter von] Cornelius gern einfand und wo sich besonders Wilhelm Kaulbach über alles gefiel: hat er doch sogar in einem seiner Bräutigamsbriefe die Herrlichkeit dieser Herberge besungen und ihre Vorzüge gepriesen [...].« (Wolf)

»Zugroaste« aus nördlichen Gefilden fühlten sich in der bayerischen Residenzstadt zuweilen isoliert, denn es fehlten dort die andernorts üblichen Formen gehobenen gesellschaftlichen Umgangs. So notiert 1879 der zum Hofintendanten bestellte Franz Dingelstedt: »Im Übrigen blieb Neumünchen in gesellschaftlicher Richtung so ziemlich auf sich allein angewiesen und, bis auf die offiziellen [...] Begegnungen in den Salons der Aristokratie und der Diplomatie, von Altmünchen streng getrennt [...].« Und er kann sich die süffisante Bemerkung nicht verkneifen: »Gastfreundschaft gegen Fremde, entgegenkommende Höflichkeit im gesellschaftlichen Verkehr« lägen ja »bekanntlich nicht im angeborenen Stammescharakter des Altbayern« (zit. nach:

Marita Krauss, in: »Wirtshäuser ...«, S. 150). Über diesen »Stammescharakter« – diesmal allerdings bezogen auf seine Münchener Kollegen und deren Arbeitsmoral – mokiert sich in der Rückschau noch 20 Jahre später der Dichter Max Haushofer in der Beilage zur »Allgemeinen Zeitung« vom 15./16. Februar 1898: »Den vormärzlichen Dichtern Münchens gebrach es nicht an Talent, aber an der Energie des Strebens. Süddeutsche Gemütlichkeit ging ihnen über den Erfolg. Vormittags beim Bockbierschoppen im ›Achazgarten‹ zu sitzen, den Nachmittag in einem der Kaffeehäuser des Hofgartens zu verplaudern und den Abend, wenn er schön war, auf einem der damals noch so prächtigen aussichtsreichen Keller zuzubringen: das war in jener Zeit ein viel schöneres und poetischeres Tun als das Sitzen am Schreibtisch.« (ebd., S. 149 f.)

Die klassische Geselligkeit der Münchner Bürger konzentrierte sich auf den öffentlichen sowie den halb öffentlichen Bereich der Vereine, eine Art süddeutsches Äquivalent zu den Salons. Die rechtliche Voraussetzung dafür bildete das Vereinsgesetz von 1850, das die bisher übliche restriktive Praxis diesbezüglich liberalisierte und bayerischen Bürgern deren Gründung gestattete – mit der Auflage, den Gründungsakt selbst, den Namen des Vorstandes und die Vereinsstatuten dem zuständigen Polizeiposten zu melden. (Frauen durften sich übrigens bis 1908 nicht in politischen Vereinen betätigen ...)

Dennoch waren Wirtshausbesuche interessanterweise mit keinem »moralischen Verdikt belegt, verkehrte doch in der katholischen Welt der Priester ebenso im Wirtshaus wie der einfache Gläubige, Familienfeste, religiöse Veranstaltungen fanden [...] dort statt, und auch der sonntägliche Kirchgang endete zwangsläufig dort. Der Biertisch war ein beliebter Ort für Geschäftsabschlüsse, und bayerische

Eugen Neureuther, Spitzweg als ›Stadtschreiber von Nürnberg‹ auf dem Dürerfest von 1840, *Staatliche Graphische Sammlung, München.*

Beamte verbrachten im Durchschnitt vier Stunden in der Gastwirtschaft.« (ebd., S. 154)

Namentlich die (bildenden) Künstler, die »freundschaftlich zusammen[hielten] […] [und] in den Tag hinein [lebten], pflegten eine heitere Geselligkeit, debattierten im Caféhaus und bevölkerten Landgasthöfe und Bierkeller. Sie kamen aus dem Volk und gingen am liebsten mit einfachen Menschen um. Manche verkrachte Existenz befand sich darunter, mancher Sonderling und mancher Bürgersohn, der die nötigen Mittel für ein behagliches Bohèmeleben mitbrachte.« (Betz, S. 35 f.)

Spitzweg war ebenfalls (meist interaktives) Mitglied in diversen Künstlerzirkeln und Clubs, wie der »Münchner Liedertafel«, die sich oft in den Nebenräumen von Gasthäusern versammelten. Über seine Trinkgewohnheiten wurde in Zusammenhang mit einer Krankheit ja bereits berichtet. (»Weiß Gott, wie trink ich das Bier […] mit Maaß! Seit 2 Jahren täglich nicht mehr als 3 Halbe, selten 2 Maaß Abends, unter Tags nur Wasser […].«)

1840 wurde das Dürerfest veranstaltet, das einen Höhepunkt im Münchner Künstlerleben markierte: »Damals hatte sich die Künstlerschaft zusammengetan, Dürers ›Triumpfzug des Kaisers Maximilian‹ in prunkvollen Bildern und Kostümen zu verlebendigen. Man schwelgte genüßlich in historischen Erinnerungen, und jeder bekam eine bestimmte Rolle zugeteilt.« (Betz, S. 46) Spitzweg selbst figurierte als »Stadtschreiber von Nürnberg« und wurde in dieser Rolle auch von seinem Kollegen, dem Münchner Maler und Zeichner Eugen Neureuther (1806–1882), in einer Bleistiftskizze festgehalten.

Eine andere dieser Vereinigungen, die Gesellschaft »Alt-England«, erfreute sich der Mitgliedschaft des populären »Gstanzl«-Dichters Franz von Kobell und des »Kasperlgrafen« Franz von Pocci, die Spitzweg

ihrerseits Anregungen für seine Gelegenheitsgedichte lieferten (s. auch S. 78).

Diese Form von Geselligkeit drängte die häusliche Gastlichkeit zurück, auch Frauen waren davon zunächst mehr oder weniger ausgeschlossen – ganz anders als in Norddeutschland, wo sie meist – ganz im Sinne der biedermeierlichen Idealfamilie – die »Seele« geselliger Zusammenkünfte bildeten. Erst nach einer allgemeinen Modernisierungswelle, die in München um 1870 einsetzte und neben allgemeinen hygienischen Verbesserungen auch musikalische Darbietungen einschloss, fand sich das »schwache Geschlecht« immer häufiger unter den Gästen öffentlicher Lokale.

Ähnlich wie in den Bierlokalen entwickelte sich ein gemischtes soziales Leben auch in Biergärten und Gartenwirtschaften, ebenso in den zahlreichen Ausflugslokalen des Umlands, die dank verkehrstechnischer Verbesserungen immer besser erreichbar wurden. So lässt sich bei aller Skepsis gegenüber harmoniesüchtigen Vorstellungen von einer »klassenlosen« Biergesellschaft sicherlich feststellen, dass dort das Bedürfnis der bürgerlichen Schichten nach sozialer Abgrenzung weniger stark ausgeprägt war als in anderen Teilen Deutschlands.

Natürlich setzte sich auch in Bayern nicht jeder mit jedem an einen Tisch, denn die Vereine »rekrutierten ebenso wie Stammtische ihre Mitglieder durch […] Zuwahl […]. Es gab jedoch keine strikte Trennung der Lokale nach Ständen.« Die gleichwohl auch dort bestehenden sozialen Schranken wurden andererseits durch das Fehlen eines ausgeprägten

Seite 54/55: Carl Spitzweg, Nachtwächter in einer Wirtschaft, Noagerl trinkend *(Ausschnitt), um 1837, Privatbesitz (WWV 263). Während die Wirtsleute bereits in Schlaf gesunken sind, widmet sich der Mann mit Laterne und Hellebarde dem letzten Rest Bier in seinem Krug …*

Café Probst, *Holzstich nach F. K., 1856, Stadtarchiv, München. Dieses Café logierte in der Neuhauser Gasse (Straße), in der auch Spitzweg ab 1858 wohnte.*

Proletariats normalerweise kaum überschritten. Und auf dieser Basis konnte sich der Münchner Bürger »seine [andernorts so gerne als ›liberalitas Bavariae‹ gerühmte] Toleranz [durchaus] leisten« (»Wirtshäuser …«, S. 154 f.).

Kaffeehaus und Café

Eine alternative gastronomische Kultur zum Biergenuss entwickelte sich zu Beginn des 18. Jahrhunderts im Umkreis der »Kaffeesieder« mit den Kaffeeschenken oder -stuben, zunächst meist eine Art »Damencafés« für Bürgersfrauen und Händlerinnen. Später wurden sie in »Kaffeehäuser« umbenannt, ein

Begriff, der sich analog zur Bezeichnung des »Gast«- bzw. »Wirtshauses« durchsetzte und indirekt dazu diente, es von diesen abzugrenzen. In der zweiten Jahrhunderthälfte erlebte dieses neuartige Etablissement durch eigenständige Architektur und Einrichtung seine typische Ausprägung und wurde nunmehr in der Regel mit dem französischen, betonte Modernität implizierenden Begriff »Café« versehen. Mit der Wahl der jeweiligen Bezeichnung »wurde [auch] eine programmatische Entscheidung getroffen. Ein ›Kaffeehaus‹ hatte nur tagsüber, von fünf oder sechs Uhr morgens bis 19 oder 20 Uhr abends geöffnet, ein ›Café‹ dagegen meist von neun bis 24 Uhr oder auch bis zwei oder drei Uhr nachts; es übernahm vielfach Funktionen eines Restaurants oder einer Bar. Im ›Café-Restaurant‹ wurden, zum Teil in separaten Räumen, kleinere Speisen angeboten und Abendveranstaltungen abgehalten.« (Siglinde Wuillemet, in: »Wirtshäuser …«, S. 89)

Zu den ersten dieser »fashionablen« gastronomischen Einrichtungen zählte die ehemalige Kaffeeschenke des Nepomuk Schuster am Hofgarten, die dieser 1810 einem gewissen Luigi Tambosi aus Trient verpachtete, Sohn eines ehemaligen königlichen Kammerdieners. Auch Spitzweg, der ja schon die »Gutlfrau« am Hofgarten gezeichnet hatte (Abb. S. 33), dürfte das »Tambosi« wohl bekannt gewesen sein (das heute übrigens nach mehr als hundertjähriger Unterbrechung wieder unter seinem historischen Namen firmiert). Selbst der Thronfolger und spätere König Ludwig I. verkehrte dort mit seinem Künstlerkreis.

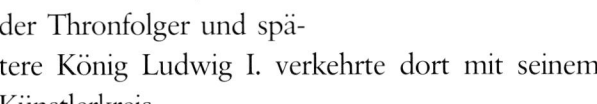

Carl Spitzweg, Wirtshausszene.

Als Tagungsort von Spitzwegs »Pollinger Landschafter«-Freunden überliefert ist zudem das »Café Schaidel« in der Kaufinger Straße (s. auch S. 23). Daneben verkehrte der Künstler im »Englischen Café« (ehemals Ottostraße 1, auf dem Areal des heutigen Bernheimerpalais), das 1785 als erstes »Zeitungskaffeehaus« eröffnet worden war:

»Als man vom Schaidel auszog nach dem vornehmen, neugegründeten ›englischen‹ Kaffeehause […] und dort die sämtlichen Künstler ihre Konvente abhielten, wo auch der Künstler-Sängerverein sich konstituierte, kam Spitzweg endlich in den Wanderungen und Wandelungen seines Junggesellenle-

bens als ›Zimmerherr‹ zur Sesshaftigkeit. Er wohnte eine längere Reihe von Jahren, dem geliebten Kaffeehause so nahe als möglich, im oberen Stock des Fladhauses an der Ecke des damaligen ›Dultplatzes‹ und der Pfandhausgasse.« (Hermann Uhde-Bernays)

Das »Englische Café« fungierte übrigens zuweilen auch als Tagungsort, der bereits erwähnten Literaten- und Maler-Gesellschaft »Alt-England«. Ein weiteres, höchst mondänes Kaffeehaus war das 1856 eröffnete (bis 1903 bestehende) »Café Probst« in der Neuhauser Gasse (an der Stelle des späteren Kaufhauses Oberpollinger), in dessen Nähe der Maler übrigens 1858 selbst Quartier nahm. Laut Stadtchronik vom 3. Januar 1856 fanden bei der Einweihung des Hauses besonders »die Schnitzereien des Büffetts und die Oelgemälde im Billardsaale [allgemeine Bewunderung], die Szenen aus dem Caféhausleben darstellten«. Die Stuckornamente an den gewölbten, glasgedeckten, durch Karyatiden separierten Räumen waren so üppig, dass der König selbst bei der Besichtigung ausgerufen haben soll: »Was, was! Stuck! So viel Stuck! Was bleibt mir dann noch für meine Kirchen!« (zit. nach »Wirtshäuser …«, S. 90)

Ab den 1870er und 1880er Jahren eröffneten immer mehr derartige Etablissements, die sich an Opulenz und Extravaganz ihrer Dekoration gegenseitig zu übertrumpfen suchten, im Todesjahr Carl Spitzwegs 1885 das legendäre, von Friedrich Thiersch entworfene »Café Viktoria« in der Maximilianstraße.

» *Einbrennet's* «

(Dunkle Brennsuppe)

40 g Butterschmalz oder Pflanzenöl
ca. 50 g Mehl
1 kleine Zwiebel, klein gewürfelt
1,5 l Flüssigkeit zum Aufgießen (Fleisch- oder Gemüsebrühe)
einige Wacholderbeeren · einige Pfefferkörner
1 Lorbeerblatt · 1 Schuss Essig
Salz, frisch gemahlener Pfeffer

Zum Verfeinern:
Rotwein oder Madeira
1 Schuss Sahne

Alternative Aromaten (nach Wunsch):
gequetschter Kümmel
gehackter Sauerampfer oder Schnittlauch
Muskat · Majoran · Steinpilze

Das Fett in einem großen Topf erhitzen und das Mehl darin goldgelb bräunen lassen. Die geschnittene Zwiebel zugeben und mit dem Mehl anschwitzen. Achten Sie darauf, dass die Farbe nicht zu dunkel wird, da das Mehl sonst bitter schmeckt.

Den Topf von der Flamme nehmen und mit der Flüssigkeit aufgießen. Gut mit der Einbrenne verrühren und nach Wahl weitere Geschmackszutaten beifügen. Bei mäßiger Hitze 20–30 Minuten ohne Deckel unter leichtem Rühren köcheln lassen.

Mit Salz und Pfeffer abschmecken und mit einem kräftigen Schuss Rotwein und Sahne verfeinern.

„Einbrennets"

auf Moschschwitze, brennen u. waschen; bräunerofe
de gemerut.

Diese Ausdrücke haben insofern einerlei Bedeutung
als das Mehl in der Butter weiß gelb oder braun
geröstet wird. Man läßt die nöthige Quantität Butter
welche mit Moschschwitze zu verbindender Speise be-
sinnt, schmelzen, thut soviel Mehl dazu als die Butter
aufnehmen kann, aber auch noch etwas flüssig bleibt
läßt es nach dem Feuer kurz rösten, so daß es
noch weiß bleibt, so ergibt sich die weiße Moschschwitze
(weißdunkel) setzt aber man das Rösten fort sofort werden
die gelbe, u. bei weiterer Fortsetzung die braune Mehlschwitze. Unter bständigem Rühren mit besonderer Vorsicht, daß es nicht brenstig wird, wie aber ohne ein

Bilde!

Einlaufsuppe

2 Eier
1 EL Mehl
1 l Rinder- oder Geflügelbrühe
etwas Salz
frisch geriebener Pfeffer
Schnittlauch oder Petersilie, klein gehackt

Wasser mit Eiern und Mehl zu einem flüssigen, glatten Teig verrühren. Brühe in einem Topf zum Sieden bringen und den Teig unter ständigem leichten Rühren einlaufen lassen. Weitere 10 Minuten kochen lassen.

Die Einlaufsuppe mit Salz und Pfeffer abschmecken und mit den Kräutern bestreut servieren.

Einlauf-Suppe.

Auf einen starken Koch-Löffel voll Mehl
wird 1 Ei geschlagen. Das Mehl wird mit dem
Ei nach dem andern gut aufstand
gerührt, dass es glatten und flüssigen Teig
gibt; so träufelt man ihn mit dem Koch-
Löffel in eine weisse oder braune gesalzene
Suppe unter fortwährenden Rühren ein, und
lässt es gut verkochen. Man nehme sich vor
dem Dickwerden in Acht!

Verlorene oder pochierte Eier mit pikanter Kräutersauce

8 frische Eier

Für den Sud:
1,5 l Wasser · 2 EL Essig · 2 El Salz

Für die Sauce:
30 g Butterschmalz
$^1/_2$ Zwiebel, fein gehackt (Charlotte)
1 El Mehl
$^1/_2$ l Gemüse- oder Fleischbrühe
3 EL frische Kräuter (z. B. Petersilie, Kerbel, Dill, Estragon,
Sauerampfer, Schnittlauch), fein gewiegt
Salz · frisch gemahlener weißer Pfeffer aus der Mühle

Zum Verfeinern (nach Wunsch):
2 EL Sahne · etwas Zitronensaft

Zunächst die Sauce vorbereiten: In einer Pfanne Butterschmalz auflösen und darin die Zwiebelwürfel glasig dünsten. Mehl zugeben und unter ständigem Rühren leicht goldgelb werden lassen. Nach und nach die kalte oder leicht angewärmte Brühe zugießen. Unter Rühren zum Kochen bringen und 5–10 Minuten sieden lassen. $^2/_3$ der Kräuter nur kurz mit aufkochen. Anschließend vom Herd nehmen und mit dem Rest der Kräuter, Salz, Pfeffer (auf Wunsch zusätzlich Sahne und Zitronensaft) verrühren. Warm halten, bis die Eier fertig sind, doch nicht mehr kochen lassen.

Für die Eier den Sud aus Wasser, Essig und Salz aufkochen lassen. Eier nacheinander zunächst in einen Schöpflöffel, von dort aus langsam in die simmernde Flüssigkeit gleiten lassen,wobei das Eiweiß mit einem Löffel vorsichtig über das Eigelb gezogen wird. Nach 3–4 Minuten Kochzeit mit einem Schaumlöffel herausheben.

Ränder glatt schneiden und auf vorgewärmten Tellern mit der warmen Sauce servieren.

Des œufs pochés. Einge-
schlagene Eier

Man schlage die Eier in Kasserolle mit etwas
Essig u. Salz vermischtes Wasser dergestalt
daß man sie durch darüber hält, lasse sie
etwa ein und einer halben Minute kochen
oder solange bis sich das Weiße um das Gelb
geschlossen hat, thue sie sogleich in kaltes Wasser
und zuletzt sie hübsch glatt ab.

NB. In manchen Gegenden werden sie mit
Unrecht "verlorene Eier" genannt. In
diesem Falle wären sie ja aber nicht
mehr da!

Kalbskopf nach Schildkrötenart

(Tête de veau en tortue)

¹/₂ Kalbskopf, gebrüht im sauren Sud (vgl. Rezept »Suhr-Fleisch«, S. 66)

Für die Marinade:
ca. 300 ml Rotwein (z. B. Madeira)

Für die dunkle Einbrenne:
40 g Butterschmalz oder Pflanzenöl
ca. 50 g Mehl
1 kleine Zwiebel, fein gewürfelt
1,5 l Flüssigkeit zum Aufgießen
(hierfür den übrig gebliebenen Sud verwenden!)
einige Wacholderbeeren
einige weiße Pfefferkörner
1 Lorbeerblatt · etwas Thymian · 1 Schuss Essig
Salz · frisch gemahlener Pfeffer
2 cl Sherry

Am Vortag einen sauren Sud herstellen, wie auf S. 66 beschrieben, und den Kalbskopf darin etwa 1 ¹/₂ Stunden nicht zu weich garen.
Das Fleisch ablösen und im Sud über Nacht erkalten lassen. Am folgenden Tag den Sud wieder leicht erwärmen, den Kalbskopf herausnehmen und in Portionsstücke teilen. In Rotwein marinieren und gut durchziehen lassen. Den Sud zurückbehalten.

Eine dunkle Einbrenne herstellen: Dafür das Fett in einem großen Topf erhitzen und das Mehl darin goldgelb bräunen lassen. Die geschnittene Zwiebel zugeben und mit dem Mehl anschwitzen. Darauf achten, dass die Farbe nicht zu dunkel wird! Den Topf von der Flamme nehmen und mit 1,5 l saurem Sud aufgießen. Gut mit der Einbrenne verrühren und weitere Geschmackszutaten beifügen. Bei mäßiger Hitze 20–30 Minuten ohne Deckel unter leichtem Rühren köcheln lassen. Fleischstücke samt Rotweinmarinade zugeben, eine Weile ziehen lassen und am Schluss mit etwas Sherry verfeinern.

Auf vorgewärmten Tellern mit etwas Sauce anrichten. Dazu passen Kartoffelgerichte aller Art und Salate der Saison.

Le maître d'hôtel.

Tête de veau en tortue à la maître d'hôtel.

Man nimmt die Überreste, weil am Abend vorher gekosten, Kalbskopf und ordnet sie auf die Schüssel. Nun läßt man Champignons, Krimm, Miraumen Brühnen und Brühnen und Kalbsriehen in Butter aalrühen, gibt etwas Muße hinzu, begießt es mit dem Fond, worin der gefüllten Kost gekost werden oder mit Suppe und 2 Gläser voll Madeira Wein, auch sucht man Salz u. Pfeffer hinzu, läßt dieß einkochen, gibt geviertel von Kalbfleisch, ... Gurken, krebs ... u. das in Stücke geschnittene ... darum. Ist die Sauce ... u. gebunden, gießt man sie auf die Stücke vom Kopf, die Schüssel muß recht heiß gehalten werden.

Suhr-Fleisch

(Saure Kalbshaxe)

1 große Kalbshaxe

Für den sauren Sud:
1,5–2 l Wasser
Salz
Essig nach Belieben
4 gelbe Rüben (Karotten), in groben Stücken
2 Stangen Lauch, in groben Stücken
1 Stange Sellerie, in groben Stücken
1 Petersilienwurzel, in groben Stücken
3 Zwiebeln, in dicken Scheiben
6 Pimentkörner
6 Pfefferkörner
3–4 Nelken
3–4 Lorbeerblätter

Aus Wasser, Gemüse und Gewürzen einen Sud herstellen und in einem großen Topf zum Kochen bringen.
Die Kalbshaxe gründlich waschen, in den kochenden Sud geben und darin etwa 2 Stunden leise vor sich hin sieden lassen.

Das Fleisch vom Knochen lösen und in Portionsstücke zerlegt auf vorgewärmten Tellern mit Zwiebelscheiben und dem Wurzelgemüse sowie heißem Sud anrichten.

Als Beilagen serviert man Salzkartoffeln mit Petersilie und Salate der Saison.

Räucher = Fleisch.

Man nimmt einen gespaltenen Kalbsschlegel setzt den-
selben auszuwässern und reibt ihn mit etwas Salpeter
Salz u. Wacholderbeeren ein.

Man legt den Schlegel in ein irdenes oder
steinernes sehr reines Gefäß darunter etwas
Knoblauch, auf den Schlegel ein Brett und schweren
Stein. So bleibt es 8 Tagen dann nimmt man
Salz Salpeter u. frische Wacholderbeeren und
frisches Wasser u. giebt es an das Fleisch, das
Wasser muß darüber auf stehen, so bleibt es 3 — 4
Wochen, die Suhr muß immer stehen als
der Schlegel, dann schneidet man es und es wird
kalt gegessen.

Waffeln aus Sandteig

150 g Butter
150 g Zucker
3 Eier
abgeriebene Schale von $^1/_2$ unbehandelten Zitrone
(ersatzweise 1 TL Zimt)
1 EL Rum
150 g Mehl (auf Wunsch 50 g durch Stärkemehl ersetzen)
$^1/_2$ TL Backpulver
Puderzucker zum Bestäuben

Für den Teig die Butter schaumig schlagen, Zucker und die Eier ebenfalls schaumig unterrühren. Anschließend Zitronenschale (oder Zimt) mit dem Rum hinzufügen, zuletzt das fein gesiebte, mit Backpulver vermischte Mehl dazugeben und zu einem glatten Teig verrühren.

In einem Waffeleisen Waffeln backen, erkalten lassen und mit Puderzucker bestäubt servieren.

Waffeln
à la Camerun, Congo und New Guinea.

werden gerade so gemacht wie die holländischen
Waffeln, nur müssen die Waffeleisen auf
einer Seite noch mehr tief etwas ausgeweitet
werden, damit das pittoreskenische Waffel-
Motiv recht deutlich zum Ausdruck kommt,

Löffel-Bisquit

Für den Bisquitteig:
3 frische Eier, getrennt in Eigelb und Eiweiß
(im Kühlschrank kalt gestellt)
75 g feiner Zucker
ausgekratztes Mark von $^{1}/_{2}$ Vanilleschote
(alternativ 1 TL Vanillinzucker)
80 g Weizenmehl, fein gesiebt
40 g Stärkemehl
1 TL Backpulver

Außerdem:
Butter und Mehl für das Blech
Puderzucker zum Bestäuben

Das Eiweiß zu steifem Schnee schlagen, der schnittfest sein sollte. Den mit Vanillemark verrührten Zucker löffelweise einrieseln lassen, dabei kräftig weiterschlagen. Verquirltes Eigelb, Weizen- und Stärkemehl sowie Backpulver zügig unterheben. (Achtung: Das Mehl nicht unterrühren, da der Teig sonst seine lockere Konsistenz verliert!)

Auf ein gefettetes, mehlbestäubtes Blech mit Hilfe eines Spritzbeutels nicht zu große Löffelbisquits setzen: »etwa wie eine Achte« (vgl. Spitzwegs »Collage«). Mit Puderzucker bestäubt bei mäßiger Hitze (160–180 °C) »zu schön gelber Farbe« backen (ca. 15 Minuten). Noch heiß vom Blech lösen.

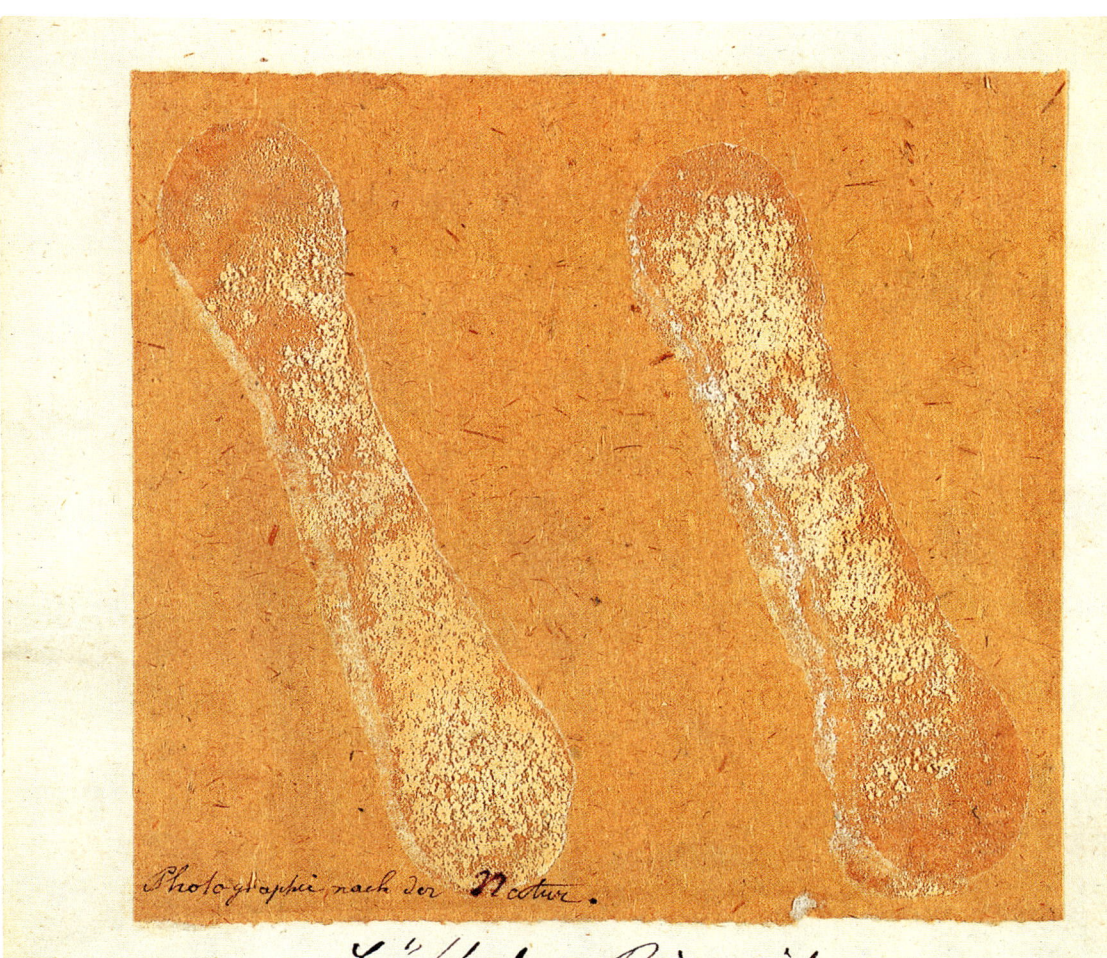

Photographie nach der Natur.

Löffel = Bisquit
(Die kleinste Sorte nennt man auch Haarnadeln.)

½ ℔ Butter, 10 Eier, 14 Loth ganz feines Weizen-
Mehl. Ist die Masse gut durchgesetzt, drückt man
sie durch einen Trichter in Brötchen auf Papier, so
daß die Form in der Mitte schmal, an den Enden
aber sich etwa wie eine Achter (8) aus breiten. Man bestreut sie mit Zucker, u. backt sie in schwacher Hitze
zu schön gelber Farbe.

Mandel-Bögen

250 g geschälte Mandeln
4 Eiweiße
200 g sehr feiner Zucker
1 TL Saft und abgeriebene Schale von 1 unbehandelten Zitrone
1 TL Zimt

Zum Backen:
rechteckige Oblaten

Zum Bestreuen:
2 EL fein gehackte Pistazien (nach Wunsch)

Die abgezogenen Mandeln trocknen. Zur Hälfte in feine Blätter oder Stifte schneiden und in einer Pfanne leicht anrösten, die andere Hälfte reiben. Den Backofen auf ca. 150 °C vorheizen.

Das Eiweiß sehr steif schlagen, den Zucker nach und nach einrieseln lassen und den Zitronensaft darunter rühren. Im Wasserbad 20–30 Minuten weiter schlagen, anschließend vom Herd nehmen und kalt schlagen.

Die vorbereiteten Mandeln und geriebene Zitronenschale unterheben. Die Masse etwa $^1/_2$ cm dick auf Oblaten streichen, in 2 cm breite, ca. 10 cm lange Streifen schneiden und auf Wunsch mit gehackten Pistazien bestreuen. Bei mäßiger Hitze hellgelb backen.

Noch bevor sie erkaltet sind, die Streifen über ein Nudelholz zu Bögen formen: »So äßen sie die alten Griechen« laut Spitzweg »heutigen Tages noch.«

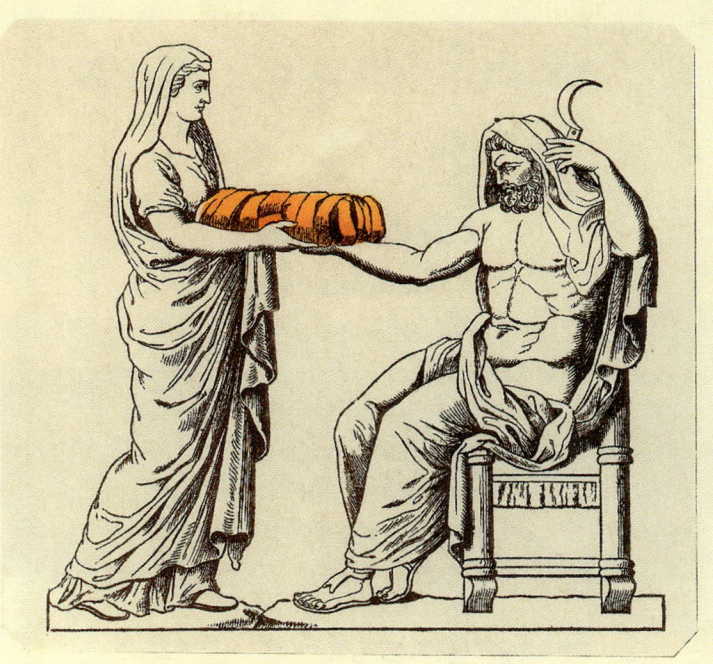

Mandel-Bögen.

(Ein herrliches Gericht, das schon die alten Griechen kannten,
vgl. "ἀμυγδαλᾶς βλόσσης" Lucian. Obiges Bild stellt
die neue Mutelina vor, die den erzürnten sie tödten
wollenden Gott mit solchen Mandelbögen zu beschwichtigen sucht.)

Auf ½ ℔ fein süßig geschnittene getrocknete Mandeln 12
Loth feinen Zucker, 2 Loth fein gestoßtes Orangenschalen, 2
Loth Citronat u. das milde Schaum von 4 Eiweißen oder 3
ganzen Eier. Wenn alles gut durcheinander gemischt ist, macht
man es einig. Messerrückendick auf Blech, bestreut es
mit gestoßenen Pistazien u. Zucker, bäckt es in schwache Hitze,
schneidet es in lang viereckige Stücke, u. biegt diese schnell, ehe
sie erkalten über eine Walze in halben Bogen. Daßen
für die alten Griechen heutigen Tages noch.

Zitronensuppe (Fastensuppe)

4 Eigelbe · Saft von 2 Zitronen
etwas abgeriebene unbehandelte Zitronenschale
4 EL Kirschwasser · 2–4 EL Zucker
etwas Weißwein (nach Belieben)

Eigelbe, Zitronensaft und -schale, Kirschwasser und Zucker gut miteinander verquirlen. Auf leichter Flamme weiterrühren, bis die Masse etwas eingedickt ist. Nach Belieben unter ständigem Weiterrühren mit etwas Wein verdünnen und sofort servieren.

Kürbissuppe (Fastensuppe)

1 großer Muskatkürbis · 2 l Fisch- oder Gemüsebrühe
1 in feine Würfel geschnittene Zwiebel (Charlotte)
etwas Butterschmalz oder Olivenöl
2–3 Nelken · Salz · einige grüne Pfefferkörner
2 Eier (auf Wunsch)
etwas gehackte frische Petersilie
frisch gemahlener Pfeffer aus der Mühle

Den Kürbis schälen, Kerne entfernen und das Fruchtfleisch in nicht zu große Würfel schneiden. Die Brühe in einem Topf zum Kochen bringen.
In der Zwischenzeit in einem zweiten großen Topf die klein geschnittene Zwiebel in Butterschmalz oder Öl anschwitzen. Die Kürbiswürfel dazugeben und etwa 10 Minuten schmoren. Mit der siedenden Brühe aufgießen, mit Nelken, Salz und Pfefferkörnern würzen und nochmals ca. 10 Minuten simmern lassen. Kurz vor dem Ende der Kochzeit eventuell die beiden Eier in die Suppe rühren (die jedoch auch weggelassen werden können) und noch einmal kurz aufkochen lassen.
Auf Wunsch die Suppe vor dem Servieren mit dem Elektrostab pürieren. Mit frischer Petersilie und gemahlenem Pfeffer aus der Mühle anrichten.

Gratinierter Hecht

*ca. 800 g Hechtfilets
(ohne Gräten)
Salz
frisch geriebener Pfeffer
etwas Butter
eine mittelgroße Zwiebel, fein gehackt
250 g Sauerrahm
100 g Semmelbrösel
150 g frisch geriebener
Parmesan*

Den Backofen auf 180 °C vorheizen. Die Hechtfilets gründlich waschen und mit Küchenpapier trocken tupfen. Mit Salz und Pfeffer würzen.

Die Zwiebelwürfel in einer Pfanne in zerlassener Butter weich dünsten. Den Fisch dazulegen, bei niedriger Hitze etwa halb gar werden lassen. Eine gefettete Gratinform vorbereiten und den Fisch hineingeben.

In der Fischpfanne den Bratenfond mit Sauerrahm ablöschen und noch einmal aufkochen lassen. Die Semmelbrösel hineinrühren, damit eine sämige Sauce entsteht. Mit Salz und Pfeffer abschmecken und über den Fisch in der Gratinform geben. Mit Parmesan bestreuen und im Ofen überbacken.

Die Filets auf vorgewärmten Tellern anrichten und mit Salz- oder Petersilienkartoffeln und Salat servieren.

»Der Radi und die gelbe Rubn« – Gelegenheit macht Dichter

Carl Spitzweg war nicht nur Maler und Zeichner. Viel weniger bekannt ist sicherlich die Tatsache, dass er sich mit einer gewissen Begabung und großer Lust an Phonetik und Sprachwitz als Gelegenheitsdichter betätigte: im Stil eines Pocci oder Franz Ritter von Kobells (1803–1882). Mit Letzterem, Spross einer alteingesessenen bayerischen Beamtenfamilie, verband ihn neben einer Vorliebe für Brauchtumspflege und Jagdromantik auch ein tiefer gehendes Interesse an Gesteinskunde und Mineralogie. Professor Kobell, bei dem Spitzweg 1829/30 sogar Kurse an der Münchner Universität belegt hatte, hatte hierüber einschlägige Lehrbücher verfasst. In seinen Gelegenheitsdichtungen, die u. a. in den »Fliegenden Blättern« erschienen, häufig mit Zeichnungen Poccis illustriert, entwarf er mit Vorliebe idyllische Szenarien eines königstreuen Bürgertums, das einem bayerisch-alpinen Lebensstil huldigte, wobei er namentlich die Mundart als eigenständige Kunstform propagierte. Seine »G'schicht vom Brandner-Kasper« aus den »Fliegenden Blättern« (1871) sollte in der Bühnenbearbeitung von Kurt Wilhelm später

Seite 76/77: Carl Spitzweg, Die heimkehrende Sennerin (Dirndl und Jäger im Gebirge) (Ausschnitt), um 1875, Museum Georg Schäfer, Schweinfurt (WWV 1440). Der Jäger trägt angeblich die Züge des Münchner Mineralogen, Gstanzl- und Schnaderhüpfel-Dichters und Dramatikers Franz Ritter von Kobell. Dieser pflegte sich in seinen Gelegenheitsgedichten gern als volksnaher Jäger darzustellen.

sogar den Sprung ins Standardrepertoire bayerischer Volkstheater schaffen.

Franz von Pocci (1807–1876) wiederum, Sohn eines italienischstämmigen Beamten und Offiziers am bayerischen Königshof und studierter Jurist, war eine Art Allroundgenie, dem es nicht nur als Lyriker und Dramatiker, sondern auch als Zeichner und Komponist (»Geschichten und Lieder mit Bildern«, 1841-45, »Alte und neue Kinderlieder«, 1852) zu reüssieren gelang. Persönlich eher in einer altbayerisch-katholischen – um nicht zu sagen: fortschrittsfeindlich-restaurativen – Gesinnung verwurzelt, fehlte ihm gleichwohl nicht ein kritischer Blick für die Missstände des bayrischen Staats- und Beamtenapparats, die er bevorzugt in der Beamtenkarikatur des »Staatshämorrhoidarius« in den »Fliegenden Blättern« aufzuspießen pflegte.

Seine größte Popularität allerdings erlangte Pocci als Hausdichter des Münchner Marionettentheaters, das er zusammen mit dem Aktuarius Joseph Schmidt 1858 gegründet hatte. Er schrieb hierfür nicht weniger als vierzig Stücke, in denen meist dem »Kasperl Larifari« eine tragende Funktion zufiel. Diese Leistung bildet auch den Ansatzpunkt von Spitzwegs Widmungsgedicht an den »Kasperlgrafen« (zit. nach Grunewald, S. 24):

> »Was hebt und engt die Menschenbrust,
> Zu sagen ist euch unbenommen!
> Doch er, er singt voll Herzenslust:
> Die Kleinen laßt mir kommen!«

Franz Graf von Pocci (1807–1876), »Hier bin ich Mensch, hier darf ich's sein.« Der Staatshämorrhoidarius im Hofbräu-
haus zu München, *Karikatur aus den »Fliegenden Blättern«, 1859. Für diese populäre Zeitschrift, die von 1844 bis etwa
1940 existierte und immerhin einer ganzen Epoche die Bezeichnung »Biedermeier« aufdrückte, war auch Spitzweg als
Zeichner tätig. Den »Staatshämorrhoidarius« nennt er selbst als Werk Poccis im Tagebuch von 1877.*

»Willst z. B. singen von Apferln,/ Tut der Reim di vexiern …«

Erhabenheit in Form und Inhalt gehören nicht un-
bedingt zu den Stärken Spitzwegscher Gelegenheitsgedichte, wie dieser auch – durchaus ironisch –
einzuräumen pflegte und zuweilen mit deutliche
»scheppernden« Reimen verdeutlichte: »Hab' auch
ein paarmal versucht, mich geplagt, eine Ode zu
schreiben, / Ode wurd' es zwar nicht, stets aber sehr
odios!« (S. 18) Oder: »Gedanken, weisheitsvoll, /
wenn ich sie jemals hab': / Sie brachen immer mir /
Beim Bleistiftspitzen ab.« (S. 9) Oder über die ver-
zweifelte Suche nach halbwegs originellen Reimen:
»Willst z. B. singen von Apferln, / Tut der Reim di
vexiern, / 's reimt sich nur Zapferln und Krapferl –
/ 's ist rein zum Krepiern! …« (S. 20) Dabei vermag
er sich durchaus zu steigern, wenn er etwa seine Ro-

manze »Der Radi und die gelbe Rubn« (entdeckt von Siegfried Wichmann, München, Privatbesitz) in einer Parodie des Liebestodes gipfeln lässt, in den die Radi-Brotzeit eines Großknechts umgedeutet wird. Frei nach dem Volkslied der beiden »Königskinder« können die beiden Wurzelgemüse nicht zueinander kommen, auch wenn das »tiefe Wasser« hier nur ein »kloan[s] Bacherl« ist (S. 100 ff.):

> »Die Veigerln blühn, die Baam schlagn aus,
> Im Wald springt 's junge Reh,
> Und weil jetzt niemand schießen darf,
> So schießt 's Getrad in d' Höh.

> [...]

> Nur in an Garten hintern Haus
> Da steht a gelbe Rubn,
> Die kennt vor Lieb sich nimmer aus,
> Vor Sehnsucht wärs bald gesturbn.

> Und Tränen wie die Perlen weint
> Die Arm in ihrem Schmerz,
> Es liebt ja alles auf der Welt,
> A Rubn hat a a Herz.

> Und 's Herzerl von der Rubn is
> In an Radi ganz verbrennt.
> Noch werdn die beiden Liebesleut
> Von an kloan Bacherl trennt.«

Es kommt, wie es kommen muss: Noch bevor die beiden Liebenden zu einander finden, erscheint »Der Großknecht – recht a Fresser – / In oaner Hand an Rankn Brot, / In der andern a blanks Messer.« Der Radi, »stolz, er ist ein Man[n]«, weigert sich, sich zu verstecken, und wird promt vom Knecht erspäht:

> »Der stürzt in wilder Hast auf ihn
> Und reißt ihn aus der Erd
> Und trennt ihn von der gelben Rubn,
> Die ihm so lieb und wert.

> Er zieht ihm 's Gwand aus, salzt ihn ein
> Und weidt sich an seim Schmerz
> Und stoßt ihm 's Messer tief hinein
> Ins arme, treue Herz.

> Der Radi woant – sein letzter Blick,
> der gilt der gelben Rubn,
> Sein letztes Wort is: Bleib mir trei;
> Und nachher is er gesturbn.«

Die »gelbe Rubn« haucht daraufhin voller Verzweiflung selbst das Leben aus:

> »Drum hats von Gott zwei Flügerln kriegt
> Und is an Engerl wor'n.

> Der Radi, den der Großknecht hat
> Mit frecher Hand gebrochen,
> Er ward in einer Viertelstund
> Schon fürchterlich gerochen.«

Doch die Tragödie von Radi und Rubn hindert ihren Autor selbst keinesfalls daran, das Frühjahr als Saison für »Grünfutter« aller Art zu schätzen (S. 103):

Rechts: Carl Spitzweg, Studie nach Taubnesseln, *1842, Privatbesitz (WWV 99). Eine von zahlreichen Pflanzenstudien, die die exakten botanischen Kenntnisse des studierten Pharmazeuten verraten. Wie wir aus seinen Gelegenheitsgedichten wissen, liebte er »Grünfutter« allerdings auch als knackiges Frühlingsgemüse …*

»Das Frühjahr treibt alls raus:
Petersil und Spinat
Und Rubn und Kohlrabi
Und Kraut und Salat.

Und so habn mir allweil was,
Was 's Herz freun kon –
Und so ists itz um die Zeit,
Daß geht 's Greanfutter on!«

»Doch schmecken die Rezept am End' / Fast all' nach bittern Mandeln!«

Erst in seiner späteren Schaffensphase offenbart der Maler dann eine immer stärkere Neigung zu Lebensregeln und Kalendersprüchen, Aphorismen und Stammbuchversen (»Ein jeder Mensch ist Patient / Und eigens zu behandeln, / Doch schmecken die Rezept am End' / Fast all' nach bittern Mandeln!«, S. 121), überlagert von Aufforderungen zu einem aktiven Leben (»Im Schaffen nur find Freud und Glück«; »Leben ist die Lust zu schaffen, / Anders Leib und Seel' erschlaffen«), nicht ohne die Empfehlung, es fern von Ehrgeiz zu genießen (S. 60 und 63):

»Wenn dir's vergönnt je, dann richt es
     so ein,
Daß dir ein Spaziergang das Leben soll sein!
Stets schaue und sammle, knapp nippe
     vom Wein,
Mach unterwegs auch Bekanntschaften
     fein,
Des Abends kehr selig bei dir wieder ein
Und schlaf in den Himmel, den offnen,
     hinein!«

»Willst Du ein Weilchen selig sein,
So leg dich auf den Bauch
Dort in die nächste Wiese 'nein
Inmitt' der Blumen Hauch!«

Eine besonders schöpferische Phase für Gelegenheitsgedichte aller Art bildeten offensichtlich die gemeinsamen Urlaube in Benediktbeuern mit seinem Cousin Heinrich Bronberger und dessen beiden Töchtern Anna und Maria in der Zeit nach 1869. Ein Großteil der Verse war für Anna bestimmt, an die er neben allerlei scherzhaften Anspielungen auch durchaus zweideutige Zeilen richtet. Doch die Aussichtslosigkeit seiner Schwärmerei für die fast ein halbes Jahrhundert jüngere Nichte wird Spitzweg wohl nicht erst durch deren Verlobung mit dem Kaufmann Balthasar Frank klar geworden sein, auf die die folgenden Zeilen sich beziehen (S. 13):

»Die Holde, die durch Spiel und Sang
Uns oft das Herz erwärmt –
Ach *Sie*, für die ein Leben lang
Gar manches Herz noch schwärmt.

Sie lacht ob unsrem Liebesschmerz,
Sie will nicht tausend Dank –
Für Alles, für ihr kostbar Herz
Begehrt sie – – – einen Frank.«

Die letzten Lebensjahre Spitzwegs werden überschattet von Gebrechen und Malaisen aller Art, die auf das drohende Ende vorauszudeuten scheinen, vom zerschlissenen alten Schlafrock (»Wie arg, dass jetzt mein Schlafrock hin, / zerfetzt und durchgefressen […]. Soll ich mir jetzt als Sterbekleid / Noch einen neuen schenken?« S. 116) bis zu ausgefallenen Zähnen (»Itz is ma der dritte / Von die letzten 2 Zähn / gestern a no ausgfalln – / Wie sing i itz denn?« S. 117) oder einem üblen Hexenschuss (»Bal i mi niedersitz, / Gibt's an Stich, wie a Blitz / Fahr i in d' Höh!« S. 119). Selbst Anspielungen auf seine in jüngeren Jahren sorgfältig kaschierte Glatze werden nicht ausgespart (»A Plattn is koa Schand net, / Oder ist 's Alter a Schand?«), wie sie bereits sein Künstlerkollege Johann Baptist Kirner in einer Kari-katur aufs Korn genommen hatte (Abb. S. 13). Doch selbst durch eher melancholische Gedanken an den bevorstehenden Tod schimmern noch Blitze skurri-len Witzes (S. 124):

> »Oft denke ich an den Tod, den herben,
> Und wie am End' ich's ausmach':
> Ganz sanft im Schlaf möchte ich sterben –
> Und tot sein, wenn ich aufwach'!«

Carl Spitzweg, Bäume und Wurzelformen in menschlicher Gestalt, *Bleistift-zeichnung, aus einem Murnauer Skizzenbuch, Privatbesitz* (vgl. Wichmann, »Carl Spitzweg. Reisen und Wandern in Europa«, S. 290)

Wurzelsuppe

2 große gelbe Rüben (Karotten)
2 weiße Rüben (Teltower Rübchen)
1 Stange Lauch
1/4 Knolle Sellerie
2 Petersilienwurzeln
1 große Zwiebel
je 1 Zweig frische Petersilie und Liebstöckel
etwas Fett zum Anbraten
Salz

Rüben, Lauch, Sellerie und Petersilienwurzeln waschen, gründlich putzen und in Würfel schneiden. Die Zwiebel ebenfalls würfeln, die Kräuterzweiglein abbrausen.

In einem großen Topf das Fett heiß werden lassen. Gewürfeltes Wurzelgemüse und die Zwiebel darin leicht anrösten. Mit $1\,^{1}/_{2}$–2 l kaltem Wasser aufgießen, salzen und Petersilie und Liebstöckel hinzufügen. Mit aufgelegtem Deckel langsam zum Kochen bringen und 30–45 Minuten leicht sieden lassen.

Als Gemüsesuppe servieren (nach Belieben mit Einlage wie Suppennudeln oder Reis, Carl Spitzweg empfiehlt Letzteres …).

Wurzel Suppe.

Crécy.

Man bereitet sie aus Mohrrüben u. weißen Rüben zu gleichen Theilen und Kartoffeln. Bei dem Durchschlag das Würzel-werk ist das Hauptsächstes von einem Stücke mageren ~~Bratens~~ Schinkens von Erfolg. Die Crécy Suppe hat nebst dem glattkörnigen Wesen im vollkommensten äußeren u. einem lieblich=kräftigen Geschmack, welches durch Pute u. Pferdebrühe, überhaupt die Brühe von zahmen u. wildem Geflügel noch mehr gehoben wird; auch kocht man öfters Reis in der Suppe.

»Radi« (Rettichsalat)

2 milde rote oder weiße Rettiche

Für die Marinade:
etwa 4 EL Sahne oder Joghurt
1 Prise Zucker · Salz
etwas Zitronensaft (nach Wunsch)

Die Rettiche gründlich waschen. Schälen, nochmals wässern und anschließend nach Belieben zerkleinern (entweder fein hobeln, raspeln oder in feine Streifen schneiden, z. B. mit dem »Radi-Schneider«).

Die Zutaten für die Marinade gründlich verrühren und mit dem Rettich vermischen.

Dazu serviert man fein aufgeschnittenes kaltes Rind- oder Ochsenfleisch und Bauernbrot – und natürlich möglichst frisch gezapftes Bier.

Gedünstete gelbe Rubn

1 kg (möglichst junge) gelbe Rüben (Karotten)
30 g Butterschmalz oder Olivenöl
125–250 ml Wasser oder Gemüsebrühe
Salz · 1 Prise Zucker

Zum Verfeinern:
etwas Sahne oder Milch
frische Petersilie, fein gehackt

Die Rüben gründlich waschen und putzen (evtl. mit dem Sparschäler schälen). Nach Wunsch zerkleinern (in feine Scheiben oder Würfel schneiden bzw. zerhacken).
In zerlassener Butter oder Öl unter Zugabe von etwas Flüssigkeit, Salz und Zucker bei mäßiger Hitze knackig bis weich dünsten (ca. 20–40 Minuten).
Mit Sahne oder Milch abschmecken und mit Petersilie bestreut als Beilage zu Fleisch oder Geflügel servieren.

Einen Spinad auf italienisch

(Une d'Epinardes a l'Italienne)

»Nimm den Spinad, nachdem er sauber geputzt und gewaschen ist, thu ihn in viel und siedenden Wasser mit Salz blanchiren, damit er gruen bleibt, wenn er etliche Maal aufgethan hat, gieß ihn ab, und thu ein frisches Wasser darauf, druecke ihn wohl aus, durchschneide ihn mit dem Messer, schneide einen Zwiebel recht fein, thu ihn in einen Kastrol [Kasserolle] mit frischen Butter, laß ihn passiren auf dem Feuer, hernach thu den Spinad hinein und thu dazu Pfeffer und Salz, ein wenig Muscatnuß, ein wenig fein geschnittenen Basilicum, setz ihn auf ein staetes Feuer und laß ihn duensten, schwing ihn zu Zeiten herum, thu daran ein klein wenig Mehl stauben, und gieß dazu eine gute *Bouillon*, setz ihn auf ein starkes Feuer und laß ihn gaeh [stark] einkochen, ist es Zeit zu serviren, richte ihn in den Topf oder Schuessel, garniere ihn mit was fuer Fleisch du willst, oder auch mit Bratwuersten, und servire ihn in den Topf zur Tafel.«

(Neubauer, S. 125)

87

»Sehnsucht und Lust zu reisen« – Zwischen London und Neapel

Du kannst Dir gar nicht vorstellen, welche Sehnsucht und Lust zu reisen ich habe«, schreibt Carl Spitzweg als Zweiunddreißigjähriger im Herbst des Jahres 1840 an seinen jüngeren Bruder Eduard von einer seiner Fahrten nach Venedig. Den von Fernweh getriebenen Maler versetzte die großzügige finanzielle Abfindung seiner wieder verheirateten Stiefmutter in die glückliche Lage, diesen Interessen ohne existenzielle Sorgen nachgehen zu können.

So prägen zahlreiche Reisen, die er, von Wissensdrang und Entdeckerlust erfüllt, bis in die 1860er Jahre unternimmt, auch seine künstlerische Entwicklung. Häufig skizzierte Motive dieser Zeit (die er oft erst später zu seinen bekanntesten Bildern verarbeiten wird) findet Spitzweg gleichsam am Wegesrand: Reisende und Rastende, Wandernde und Fahrende, Postwagen und Eisenbahnen, Wirtshäuser und Zollbeamte als Stoff für seine Gemälde.

Reisen im 19. Jahrhundert – das war eine äußerst beschwerliche Angelegenheit! Damals zählte die »Kalesche« (Postkutsche), die auch Spitzweg ab 1829 regelmäßig benutzte, zu den wichtigsten Fortbewegungsmitteln. Daneben bediente man sich des »Eilwagens«, der im Inneren drei Plätze bot. Doch nur das im hinteren Teil untergebrachte »Coupé« gewährte freie Aussicht in die Landschaft. Das Gepäck war in »Felleisen« verstaut, größere Transportstücke mussten separat im »Brancardwagen« (Paketwagen) befördert werden. Spitzweg unterbrach häufig längere Fahrten, um einen Eilwagen zu buchen. Oft legte er auch Teilstücke als Fußwanderung oder mit der Eisenbahn zurück, die sich damals erst allmählich als Massenverkehrsmittel durchsetzte.

Ein Reisehindernis besonderer Art stellten die zahllosen Grenz- und Zollschranken dar, die häufige Kutschenwechsel erforderten, was den Volkswirt Friedrich List (der sich Meriten erwarb durch sein Eintreten für die deutsche Zollunion und den Eisenbahnbau) zu dem Stoßseufzer veranlasst: »38 Zoll- und Mautlinien in Deutschland lähmen den Verkehr im Inneren [...], wie wenn jedes Glied des menschlichen Körpers unterbunden wird, damit das Blut ja nicht in ein anderes überfließe.« (zit. nach Wichmann, »Reisen ...«, S. 54)

Schweiz – Hochzeiter und Eremiten

1838 und 1841 unternimmt Spitzweg mit seinem Bruder Eduard zwei Reisen in die Schweiz. Sie führen ihn u. a. nach Zürich und Luzern, später erneut nach Zürich – Solothurn – Bern – Freiburg und Lausanne. Das so genannte »Schweizer Skizzenbuch«, ein gebundenes Zeichenheft aus 36 Blättern mit Fi-

Seite 88/89: Carl Spitzweg, Ankunft der Postkutsche (Ausschnitt), um 1859, Privatbesitz (WWV 866).

Rechts: Carl Spitzweg, Der verliebte Eremit (Ausschnitt), um 1875, Privatbesitz (WWV 1533).

guren- und Landschaftsstudien sowie diversen Stadtansichten, bildet die künstlerische Ausbeute der zweiten Reise (erstmals publiziert von Wichmann, »Reisen …«, S. 363 ff.). Dabei besichtigt er für seinen Einsiedler-Zyklus verschiedene von Mönchen bewohnte Höhlensysteme und in Felswände gemeißelte Eremitagen, trifft schließlich in Bern auf einen Kavalier mit Blumenstrauß – und lässt ihn in den 1850er Jahren mehrmals als »Ewigen Hochzeiter« auftreten.

Mönche und Einsiedler, deren Leben er auch andernorts genau studiert, bilden einen zentralen Motivkomplex seines Werkes (über 300 Bilder!): mal in frommer Versenkung lesend, meditierend oder schlafend, öfters aber raufend (!), mit prall gefüllten Säcken heimkehrend, Gänse rupfend, Hühnchen bratend, ja sogar einen Hasen schießend oder sich einen kräftigen Schluck genehmigend, statt zu fasten – der klerikale Stand frönte offenbar mit Vorliebe weltlichem Tun …

Spitzweg setzt sich hiermit deutlich ab vom romantischen Klosterideal eines durchgeistigten Lebens in schlichter Frömmigkeit, wie es etwa Heinrich Wackenroder in seiner kunsttheoretischen Sammlung »Herzensergießungen eines kunstliebenden Klosterbruders« (anonym, 1796) entworfen hatte. Erst Wilhelm Busch jedoch, Spitzwegs »Illustrationskollege« bei den »Fliegenden Blättern«, beließ es nicht bei solch harmlos-ironischen Paraphrasen, »die die hohen religiösen Ideale der Nazarener und den Reformkatholizismus seiner Zeit geradezu parodieren« (Jensen, S. 76), und verlieh seinen Kleriker-Figuren (»Der heilige Antonius von Padua«, 1870; »Pater Filuzius«, 1872) konkrete politische und kulturkritische Akzente.

Auch auf zwei Blättern der »Kulinarischen Dossiers« an Spitzwegs Nichte Line spielen die »Schwarzröcke« als (angebliche) Gewährsleute für Rezepte eine Rolle: bei der Zubereitung von »Schwarz-Wild« (Blatt 19, Abb. S. 109) oder Semmelschmarrn (Blatt 29, Abb. S. 111) – man vertraute damals sicherlich darauf, dass sich die Geistlichkeit – nicht nur in kulinarischer Hinsicht – darauf verstand, es sich wohl ergehen zu lassen …

Nach Italien – von Brixen bis Neapel

Seit seiner ersten Italienreise, die ihn 1829 zu seinem erkrankten Bruder Eduard nach Triest brachte, zieht es den Maler immer wieder gen Süden. Dabei besichtigt er auch zum ersten Mal Venedig, das er im Laufe seines Lebens insgesamt 16 Mal besuchen wird. Eine zweite Italienreise, auf der zahlreiche Skizzen entstehen, führt ihn 1832 nach Bologna, Florenz, Rom bis Neapel und an die Amalfi-Küste, die Rückreise unternimmt er über Trient und Brixen (vgl. Wichmann, »Reisen …«).

Aus Triest, wo er seinen Bruder Eduard im April besucht, berichtet er den Stiefeltern in München Horrorgeschichten einer »etwas strapazierte[n] Reise« von Salzburg aus: »Eine ausführlichere Beschreibung der Fahrt über den Loibl und Tauern […] erspare ich bis zu meiner Rückkunft, genug, wenn ich Ihnen sage, dass unterwegs der Postwagen und wir abgepackt und auf mehreren Schlitten forttransportiert wurden […]. In Klagenfurt, wo ich übernachtete, wurde ich durch Feueralarm aus dem Schlafe geschreckt […]. In Storia fünf Stunden vor Triest ist eine Cholera-Contunaz-Anstalt, wo alle Reisenden angehalten werden. Wir wurden wider Willen visitiert und geräuchert und mussten zwei Tage lang in einem elenden Zimmer und elenden Betten – wie die Missethäter bewacht – zubringen.«

Carl Spitzweg, Italienische Zollwache, *um 1832, Aquarell, Museum Georg Schäfer, Schweinfurt (WWV 353): Italienische Zollbeamte prüfen das Gepäck der Reisenden.*

Am Sonntag, dem 13. Mai 1832, bietet sich Carl in der Toskana ein lustigeres Szenario: »Abends Poggibonsi. Pranzo mit dem Frater [einem Olivetanermönch] im ›Lione Rosso‹, Spaziergang beym Mondenschein. Gesang von Männern, hübsche Mädchen, Frater verfehlt die Thüre. *Felice notte*!« (aus einem Reisebüchlein)

Später im Mai schreibt Carl an seinen Bruder aus Rom: »Du wirst Dich überzeugen, dass wir vieles und alles Sehenswerthe sehen, wenn ich Dir sage, dass wir von morgens 5 bis Abend 8 – $^1/_2$ 9 Uhr auf den Beinen sind. […] Von H. Kolb werden wir hier noch Empfehlungsschreiben nach Neapel erhalten, was uns vielleicht nicht ohne Nutzen seyn kann, da wir dort an zu große Häuser adressiert sind, die

sich mit uns nicht abgeben, wie z. B. hier in Rom (Torlonia), der hat einen Schweizer, 2 Läufer und 3 Mohren unter den Thüren stehen, die alle nochmal so schön angezogen sind als ich; wenn einer dort einen Creditbrief auf ein paar lausige Gulden präsentiert, wird er gar nicht angeschaut, und erst bey 10–12 000 Gulden läßt man ihn dort sitzen und heißt ihn wiederkommen. Da sitz ich schon 10mal lieber im Café am Spanischen Platz unter ein paar gebildeten ehrlichen biederen deutschen Künstlern abends bei der Öllampe, als in dem wachserleuchteten, wachsgewichsten, parfümierten und dekorierten Prunksaal so eines vornehm thuenden dukatenscheißenden Millionärs und seinen gespreizten Freunden.«

Am 8. August 1834 verrät Spitzweg, eben von seinem zweiten Venedigaufenthalt zurückgekehrt, aus Garmisch seinem Bruder Eduard, dem häufigsten Adressaten seiner Briefe, neben launigen Reisedetails auch Kriterien, wie man in italienischen Wirtshäusern preiswert speisen kann:

»Am billigsten und angenehmsten fand ich es stets, auf meiner Reise, im ersten schönsten Gasthaus, d. h. wenn mir nicht schon eins bewusst und reccomandirt [empfohlen worden] war, abzusteigen, d. h. bey längeren Aufenthalt irgendwo, und nur dort zu wohnen und auswärts zu essen. Es ist natürlich billiger, und in der Hinsicht das man Leute des Orts und Landes selbst näher kennenlernt, interessanter und amüsanter, als im Gasthaus wo

Carl Spitzweg, Engländer in der Campagna, *um 1835/36, SMPK, Berlin, Nationalgalerie (WWV 119). Englische Touristen wie dieses Paar mit Fremdenführer sah und skizzierte Spitzweg in zahlreichen Detailstudien u. a. in Herculaneum, wie wir aus seinen Tagebüchern wissen.*

man nur wieder Fremde und fremde Speisen sucht […].«

Fast progressiv im Sinne »ungefilterter« Reiseerfahrungen mutet denn auch seine Empfehlung an: »Versäume aus eben der Ursache nicht z. B. in Rom und Neapel die gemeinsten Weinkneipen zu besuchen, da bekömmst Du eher einen wahren Begriff vom Charakter und Treiben der Nationen, als an den Tafeln des Herrn Duca di Torlonia oder Mr. Benet […]. Ich reise jetzt durch Padua, dortselbst S. T. Antonius Ablaß! […] Bologna Tre Mori oder Sankt Marco. Trattorie nicht weit vom schiefen Turm, ein Franzose. In Florenz wohnte ich bei

Madam Till, borgo sti. apostoli gut, der Mann ist Kammerdiener beim Gesandten. Sie eine Frankforterin. Im Falle sind in der Trattoria Luna, wo man gut ißt Zimmer billig zu haben.« Über Rom, wo bereits Goethe 1787/88 auf seiner »Italienischen Reise« am Corso Quartier genommen hatte, heißt, es: »Ich wohnte billig und sehr gut in der Sibylla auf dem Corso. Man isst nicht table d'hote da, es ist ein kleines Wirtshaus, aber man bekommt leicht ein Zimmer mit der Aussicht auf den Corso und die Donnerstägigen Corsofahrt. Trattorie die Beste und Schönste. Lepri vis a vis von dem Caffée Greco […], wo die Deutschen, Maler etc. sind. […] Goethes Kneipe in Rom nicht zu versäumen, auch auf dem Platz in der Nähe des Palazzo Barberini findest Du eine häufig von Deutschen besuchte Weinkneipe, wo Du den Reinhard [Johann Christian Reinhart, 1761–1848], den Vater der deutschen Landschaftsmalerey, kennenlernen kannst.« (zit. nach Wichmann, »Reisen …«, S. 25)

Seine Reise führte ihn weiter über Neapel, Pompeji, Ischia, Genua, Mailand, Verona, Rovereto und Trient, Bozen und Innsbruck zurück nach München, und er beschreibt auch auf diesen Stationen vielfach Wirtschaften und Unterkünfte. Seine profunden Reiseerfahrungen in Italien ironisiert er in folgenden, nicht ganz ernst gemeinten Ratschlägen (Quellen: Spitzweg-Archiv, Starnberg):

Carl Spitzweg, In der Lagune von Venedig, *um 1832, Aquarell, Gouache und Kreide auf Karton (nicht im WWV). Eine frühe kolorierte Zeichnung als hübsche Impression seiner zahlreichen Venedigreisen. Rechts im Hintergrund die Barockkirche Santa Maria della Salute.*

»Andere Regeln z. B. zuweylen unverschämt zu sein, mitunter, wenn's noth thut: derbdeutsch fluchen; sich niemals für einen Engländer ausgeben; in jedem Gasthaus vor man abreist versprechen wiederzukommen (wonach oft die Zeche eingerichtet wird); keine großen Trinkgelder zu geben; sich von den ansässigen Deutschen meisten im Arsch lecken zu lassen, besonders von der gemeineren Klasse; überflüssige Dienstweisungen, die oft aufgedrungen werden, gleich derb abzuweisen; sich über nicht stark ärgern, damit einem der Aufenthalt nicht verbittert wird; oft die Leute über die Gegend vergessen z. B. in Fondi etc.; nicht gar barmherzig und mitleidig seyn z. B. gegen die Krüppler und Bettler in Bologna auf dem Weg zur Madonna di San Lucca; gegen die Camerini etwas misstrauisch seyn, da sie oft sich zu Visitation und Spioniren brauchen lassen; den Ciceroni's [Fremdenführern] nicht alles glauben, über den schönen Himmel und den lustigen Luftschlangen aber nicht die Gesundheit, Sicherheit und Kosten vergessen; die Betten vor dem Niederlegen visitieren und die Fenster schließen; […] sich nicht zuviel vorstellen, dass man nicht enttäuscht werde; sich zuweilen überreden besonders in der

Umgegend u. den Weg nach Rom, das man wirklich in Italien sey auf das man nicht darauf vergesse; den Koffer sich nicht vom Schoße mitreißen lassen; das Geld soviel möglich stets bey sich selbst zu haben […]; […] nicht nur die großen sondern auch die kleinen Theater besonders in Neapel d. h. Teatro Carlino besuchen […].«

Von einer weiteren Kunstreise, die den Maler 1840 u. a. nach Mittenwald, Tirol, Meran, Verona und Venedig führt, lesen wir mit Datum vom 18. August aus Trient:

»Ein ganz anderes Leben und treiben umfängt hier den Teutschen. Hier geht schon das Dolcefarniente der Cammerieri, das Caffeehausleben, der eigenthümliche aromatische Gestank nach Zwiebeln oder was Teufel, den Straßen und Zimmern an. […] In der Kuchel fangens schon an den Dreck […] recht schmackhaft untereinander zu rühren, und die mit absalonischen aber schwarzen Haarwuchs begabten Kochlernerinnen kratzen mit den fetten Fingern das noch schläfrige Haupt.«

Später heißt es: »Jetzt werde ich […] um 4 Uhr mittags […] nach Rovereto fahren. […] Auf dem Platz ist ein schönes Caffè der Hauptwache und der Cathedrale vis à vis. Da sitz ich denn morgens und mittags auf einem Strohsessel, eine Zigarre im Maul und die allgemeine Zeitung in der Hand […].«

Im August und September 1845 unternimmt Spitzweg mit Eduard Schleich d. Ä. erneut eine Studienfahrt Richtung Italien. Etappenziele sind Chiemsee – Kampenwand – Hohenaschau – Kufstein – Innsbruck – Brixen – Bruneck – Taufers – das Pustertal – Venedig – Triest und Laibach (heute Ljubljana). In einem Brief an seinen Bruder hält der Maler die Übernachtung in Brixen fest: »In Innsbruck blieben wir nur über Nacht. Den 21ten passirten wir den Brenner […] und ließen uns Abends im Elephanten

in Brixen [ein noch heute existierendes Hotel], einem billigen aber guthen Gasthaus, schmecken.« Am 6. September hört man von ihm schließlich zufrieden aus Venedig: »[…] und so sitze ich denn wieder da in dem herrlichen Venedig und wünschte nur Dich oder Euch an meiner Seite zu haben. Ich logiere im ›Hotel Stadt Laibach‹ mit Eduard Schleich d. Ä., der gar nichts italienisch lernt und große Meisterstücke in der Sprache aufführt. Gerade kommt er zurück vom Frühstück und hat sich die Haare schneiden lassen […,] er hat jetzt einen Lockenkopf wie ein Amorl […]. Morgen machen wir eine Dampferfahrt, eine Spazierfahrt nach Chioggia […].« (zit. nach Spitzweg-Archiv, Starnberg)

Eger, Karlsbad, Prag – Braten, Schwefelwasser und Kunst

Am 8. September 1849 begibt sich Spitzweg auf eine Fahrt nach Prag, wo er die Künstlerkollegen Josef Manés und Josef Navratil kennen lernt. Die Rückreise führt über Dresden, Leipzig und Bamberg. Am 14. September notiert er in Eger: »Alte Burg, Wallensteins Zimmer im alten Stadt nun Privathaus, wo ein Juwelier nun Antiquitäten verkauft. Nachmittags nach Franzensbrunn [er meint: Franzensbad!] per Eilwagen […].« Dort beobachtet er das »Badeleben« mit »Bazar. Gartenanlagen. Casinos. Museen. Lesevereine[n]. Buchhandlung. Leih-

Rechts: Carl Spitzweg, An der Sophienquelle, um 1843, Krefeld, Kaiser-Wilhelm-Museum, Leihgabe der Bundesrepublik Deutschland (WWV 340). Szenen wie diese erlebte Spitzweg auf seiner Prag-Reise, wobei er in Karlsbad selbst das »stinkende Trinkwasser« zu sich nahm.

bibliothek und Musikhandlung« (sämtliche Zitate: Wichmann, »Reise nach Prag«).

Im Kurort Karlsbad wiederum hält er in seinem Reisetagebuch folgende Eindrücke fest: »Abends schreibe ich […] auf meinem Zimmer […] bei Grinzinger und [wegen des Schwefelgehalts] stinkendem Trinkwasser. Die Leute alle um 9 Uhr schon zu Bett. Alles weiß im Hause, der Boden wird mit Wasser und Sand angestrichen. […] Im Badhaus elegante Porzellanwannen und Stufen mit roten und blauen Blumen selbst die Abtritte waren mit farbigen Fliesen versehen.« Der Maler »tummelt« sich in den dortigen Badehäusern und unternimmt ausgedehnte Wanderungen zu den zahlreichen Aussichtspunkten.

Im Gasthaus »Zu den drei Fasanen« serviert ihm der Wirt Clapka »Reissuppe, 2 Forellen, Rindfleisch mit Pürré, 2 Gemüse mit gebackenem, gebratenem Wildbret mit Kompot, Hohlhippe, Mehlspeise. Alles in allem für 71 Kreuzer.« Und auch im Café »Elephant« nimmt er recht günstig den Kaffee ein: »7 Kreuzer die halbe Portion, die ganze mit Brod 10 Kreuzer«.

Aus Prag berichtet er am 26. September kurz vor der Abreise nach Dresden seinem Bruder Eduard: »[…] in Pr. waren meist schöne Tage. […] Es ist eine kleine Malerstadt, und ein Leben und Treiben von verschiedener Nation hier, was mich überraschte.«

Als kulinarischer Höhepunkt der Reise findet sich in seinem Tagebuch (München, Privatbesitz, zit. nach Wichmann, »Die Leibgerichte …«) das Rezept eines »Egerländer Bratens mit Gurkengemüse«:

»Man nehme auf einen 12 Pfdigen Schlegel $^{1}/_{2}$ Pfd. Sardellen. Der Schlegel wird so mäßig mit Speck gespickt und mit dies ein viertel Pfund Sardellen gleichenfalls. Und jetzt wird er dann zugesetzt wie jeder andere Schlegelbraten mit viel Zwiebel und Butter. Wenn der Braten halb. N.B. halb gebraten ist, so werden in der Fleischseite, nicht von unten hinein, wo der Knochen sitzt, zwei Schnitte gemacht bis in die Hälfte des Bratens (tüchtige Schnitte) und in diese Schnitte werden zwei Weingläser Arrak hineingegossen, dann wird der Braten wieder zugebunden und ausgebraten. Die Gurke wird geschält und in kochendes mit Salz vollstaendig gesaettigtes Wasser so lange gelegt und gekocht, bis sie sich mit der Gabel weich sticht (ja nicht zu weich) – dann wird die Gurke herausgenommen, leicht abgetrocknet und in eine Asiette gelegt, der Laenge nach 4 mal geteilt und etwas Pfeffer, Oel und Essig daran (warm muß es darauf getan werden) und dann erkaltet genossen.« (s. auch S. 118)

Weltausstellungen in Paris und London

Eine seiner aufwendigsten Auslandsreisen mit insgesamt 44 Tagen trat Spitzweg im 4. August 1851 an, als er sich gemeinsam mit seinem Bruder Eduard und Eduard Schleich d. Ä. zunächst auf den Weg zur Pariser Weltausstellung machte – eine Fahrt, die drei Tage in Anspruch nahm (Quellen vgl. Wichmann, »Reisen …«. Während die Franzosen damals bereits über ein recht gut ausgebautes Schienensystem verfügten, steckte der Eisenbahnbau in Deutschland noch in den Kinderschuhen, sodass man neben Teilstrecken mit der Bahn (wie der von Augsburg nach Stuttgart) mit Eilwagen und Postkutsche vorlieb nehmen musste. Erst von Metz aus existierte dann wieder eine durchgehende Bahnverbindung nach Paris.

Nachdem der Maler seine beiden Begleiter zum gemeinsamen »Hôtel Fravart« gebracht hatte, wo sich diese von den Reisestrapazen erholten, führte ihn sein erster Weg nach Barbizon, die dortige Künstlerkolonie zu besuchen. Eine kleinformatige Waldskizze, die er in Barbizon anfertigte, erhielt später an seiner Münchner Atelierwand einen bevorzugten Platz. Der erste Abend klang aus in einer Straßenkneipe, bevor sich die kleine Gruppe am nächsten Tag auf den Weg machte, den fast dreiwöchigen Aufenthalt in Paris mit Eindrücken verschiedenster Art zu füllen: Eine Stadtbesichtigung, Louvre, Versailles und die Kunstausstellung im Palais du Luxembourg standen u. a. auf dem Programm. Die Industrieausstellung selbst brachte Spitzweg noch einmal in Kon-

takt mit der reizvollen Exotik des Orients, die ihm bereits in jungen Jahren in den Reiseberichten seines verstorbenen älteren Bruders begegnet war (vgl. Abb. S. 20) und ihm später als unerschöpfliches Motivrepertoire für seine Bilder dienen sollte.

Danach trennt man sich von Eduard Spitzweg, der in Düsseldorf einen Geschäftstermin wahrnehmen muss.

Carl begibt sich mit Schleich über Beauvais, Amiens und Lille nach Calais auf die Überfahrt über den Ärmelkanal, eine schon damals stark frequentierte Fährlinie nach Dover. In London möchten die bei-

![Gemälde einer Dünenlandschaft]

Carl Spitzweg, Dünenlandschaft an der Schelde-Mündung, *um 1851, Privatbesitz (WWV 676).*

99

den Freunde die zur selben Zeit stattfindende Weltausstellung besuchen, für die Joseph Paxton im Hyde Park seinen berühmten Kristallpalast errichtet hatte. Das aus ranzigem Speck mit Spiegelei bestehende Frühstück in Calais vermag die Laune der beiden Reisenden schon nicht sonderlich zu heben, doch es kommt noch schlimmer … Carl berichtet seinem Bruder in einem Brief vom 27. August von der Reise:

»Am Montag liefen wir noch in Paris lange herum, um billige Billets für die Fahrt nach London, aber wir mußten zuletzt doch an der Kasse welche um 54 Gulden (II. Klasse) nehmen, um nicht zurückzubleiben. Nachdem wir nochmals im Café au grand balcon von oben das Treiben auf den Boulevards betrachtet und uns an dem erbärmlichen Gesöff erlabt hatten, fuhren wir endlich um $^1/_2$ 8 Uhr Abends à grande vitesse zum Tempel hinaus. […] Schleich hat ungeheure Manschetten vor dem Seefahren […]. Er mochte nicht rauchen, er wußte schon warum. Doch lief alles gut ab, und vor Aufgang der Sonne ($^1/_2$ 5 Uhr) noch waren wir an dem Kreidefelsen von Dover angelangt […]. Schleich ging gleich mit einem deutschen Lohnbedienten in ein Coffeehouse (Coffeeroom) und trank um 2 Gulden 54 Kreuzer Caffé mit etwas Butterbemmchen […]. Wir hatten übrigens den Morgenzug nach London bereits versäumt, und so kamen sämtliche Schiffspassagiere erst um $^1/_2$ 8 Uhr an die Reihe und um 11 Uhr in London an und nahmen nach langem Hin- und Herfragen […] in einem deutschen Gasthof, 1 und 2 Leicester Street, Lange's Hotel – Herberge.«

Ein kleiner Imbiss, und man bricht auf, die englische Hauptstadt zu erkunden: »Nach einem derben englischen Frühstück wagten wir uns endlich zu Fuß in die Straßen, und Schleich versicherte mich, wenn er allein hier wäre, so würde er gleich heute Abend wieder abreisen; der Spektakel ist aber auch rein um des Teufels zu werden, wie der alte Münchner sagte, den ich in Versailles traf. Da schaugn's auf in London, da wann einer ausrutscht, ist er hin, der wird datrett'n und dafahr'n.«

Im Kristallpalast, wo die Weltausstellung stattfindet, begegnen die beiden Malerfreunde noch einmal der islamischen Welt, fertigen Skizzen nach dem Vorbild französischer Orientmaler. Doch die Stadt selbst, die ihnen zu unruhig, staubig und schmutzig ist, wollen sie möglichst bald verlassen und bereiten deshalb schon bald ihre Abreise vor: Über Nacht geht es mit dem Zug nach Dover, von dort in einer zwölfstündigen Schiffspassage nach Ostende, anschließend nach Brügge, Gent und an die Schelde-Mündung.

In Brüssel, einer der letzten Stationen ihrer Reise, fühlen sich die beiden Freunde deutlich wohler: »Nun sitzen wir hier in Brüssel (dem kleinen Paris), das nur nach London todt erscheint, sonst aber ein ganz netter Aufenthalt seyn mag. Leider genießen wir auch wenig von der Herrlichkeit, denn das Rennen und Schauen geht den ganzen Tag so fort, daß man am Abend umfallen möchte wie ein Stück Holz; vor lauter Kunst und Sehenswürdigkeiten kommt man zu keinem wohlthätigen Augenblick der Ruhe, die wir endlich zuhause wieder zu finden hoffen.« (6. September 1851)

Über Antwerpen, Lüttich, Frankfurt am Main und Heidelberg treffen sie schließlich am 16. September wieder in München ein.

Rechts: Carl Spitzweg, Der Festungskommandant *(Ausschnitt), um 1875/80, Privatbesitz (WWV 1530). In einem fast impressionistischen Stil gibt der Maler hier einen Offiziersveteranen, der, sein Pfeifchen schmauchend, Kaffee trinkt. Skurriles Detail am Rande: die Sporen an den Filzpantoffeln …*

Strickende Wachtposten

Neben seinen größeren Fahrten und ausgedehnten Wanderungen in die nähere Umgebung von Oberbayern und Franken, auf denen er meist mit Malerfreunden skizzierte, unternahm Spitzweg auch Reisen zur intensiven Beschäftigung mit einem bestimmten Motiv, etwa für seinen Wachsoldaten-Zyklus und sein großes Thema Krieg und Frieden. Der Maler hatte im Laufe seines Lebens nicht weniger als drei Kriege erlebt, in die sein Heimatland Bayern verwickelt war, beginnend mit dessen Sieg über Napoleon, als er noch ein siebenjähriger Bub war.

Die politisch-militärischen Verwerfungen seit etwa 1840, verbunden mit zahllosen Kleinkriegen und Krisen in ganz Europa, eskalierten 1866 – Spitzweg war damals bereits ein reifer Mann – in dem von Bismarck herbeigeführten Deutschen Krieg zwischen Preußen (samt norddeutschen Kleinstaaten und Italien) und Österreich (in Allianz mit den deutschen Mittelstaaten) um die Vorherrschaft in Deutschland, in dem Österreich unterlag. Nachdem auch der letzte Widerstand der Franzosen gegen das Erstarken seines östlichen Gegners Deutschland durch dessen Sieg im Deutsch-Französischen Krieg überwunden war, stand der Reichsgründung im Spiegelsaal von Versailles 1871 nichts mehr im Weg …

Die permanenten Machtverschiebungen in Folge dieser Krisen hatten zur Aufstellung unzähliger winziger Privatarmeen geführt, die nach den Friedensschlüssen mehr oder weniger funktionslos geworden waren und Spitzweg, der ihnen als »schläfrigen Wachtposten« in von Efeu umrankten Burgszenarien in den unzähligen Festungs- und Provinzstädten in Süddeutschland, Österreich und Italien begegnet

war, mit einem nahezu unerschöpflichen Vorrat an Motiven versorgte: ob im Salzburger Land und Kufstein, in Ingolstadt, Neu- und Regensburg, Kehlheim und Burghausen, Trient oder Verona, und selbst auf seiner Pragreise besichtigte und skizzierte er die Verteidigungsanlagen auf dem Hradschin. Wachtposten bzw. Kanoniere lässt er auf seinen Ölgemälden, die später nach diesen Skizzen entstanden, mit nahezu unerschöpflicher Phantasie die absurdesten Tätigkeiten verrichten: gelangweilt Fliegen fangen, Strümpfe stricken oder demonstrativ vor sich hin gähnen.

Dresden und Berlin

Ende 1856 reist Spitzweg mit Eduard Schleich nach Leipzig, Dresden und Berlin. In einem Brief vom 18. September aus Dresden an seinen Bruder Eduard erfahren wir über ihre Unterbringung: »[…] gestern abends 9 Uhr in Dresden, da wir die Leipziger Sehenswürdigkeiten so schnell wie möglich abtaten. […] Wir waren ins Hotel Bavière geraten, wo wir fürstlich logierten und aßen – inliegend die tagtägl. frisch gedruckte Fresskarte zur table d'hôte. Die Rechnung war hingegen auch echt königlich.« (zit. nach Wichmann, WWV, S. 30)

Am 23. September 1856 heißt es, nunmehr aus Berlin, das dortige Idiom nachahmend: »Vorgestern Abend $^1/_2$ 10 Uhr trafen wir hier in der ›jottvollen‹ Metropole Deutschlands, durch endlose Gassen und Laternenreihen ging die Droschke […], janz nah am Gendarmenmarkte, ins Schulz-Hotel, rechts an die Ecke mit dem Bienenkorbe‹. Nachdem wir in einem ›Delikatessenkeller‹ schnell soupierten, suchten wir unseren brennenden Durst mit Bier stillen zu können und kamen von dem luxuriösen Salon des

Kellers plötzlich in eine solche Kneipe, wie in München wohl schwerlich aufzutreiben.«

Von der Stadt selbst ist man geteilter Ansicht: »Seit München sehen wir die Sonne nur umflort alles wie in Steinkohlennebel gehüllt, alles etwas rußig und sandig – und Berlin so schön es ist als luftige weitgebaute Stadt hat doch nicht das heitere Gesicht wie Wien [...].« So verlässt man die Preußenmetropole bereits am 26. September, um über Hof, Kulmbach und Erlangen nach München heimzukehren.

Oberbayern und Franken – Streifzüge in die Umgebung

Die oberbayerische Umgebung seiner Heimatstadt dient Spitzweg immer wieder als Ziel von Kurzreisen

Carl Spitzweg, Ansicht von Dinkelsbühl, *um 1855/60, Privatbesitz (WWV 1168).*

und ausgedehnte Wanderungen, die er vielfach kombiniert.

In seinen Tage- und Skizzenbüchern finden sich neben Reiseeindrücken aller Art zuweilen auch Hinwei-se auf Übernachtungen. Ziele seiner Wanderungen sind neben vielen anderen Orten zum Beispiel Berchtesgaden, Oberaudorf, (Garmisch-) Partenkirchen und Rosenheim, Starnberg, Seeshaupt, Murnau, Benediktbeuern, Ettal, Oberammergau und Schliersee.

Daneben zieht es ihn immer wieder in den Donauraum und die »drei Frankenländer« Ober-, Unterund Mittelfranken, wo er z. B. Nürnberg, Dinkelsbühl und Rothenburg ob der Tauber besucht und

populäre Motive findet: in Tälern liegende malerische Kleinstädte, mit Burgen, Fachwerkbauten und Kirchturmspitzen. Aber auch die geologische Struktur des Jura und die fränkischen Kulturlandschaft werden ihm zum unerschöpflichen Motivrepertoire. Ein häufiges Ziel ist Pommersfelden, wo er in Schloss Weißenstein, dem barocken Sommersitz der Bamberger Fürstbischöfe, die dortigen Kunstsammlungen studiert und zahlreiche Kopien fertigt. Doch nicht nur Kunst und Landschaft haben es dem Maler angetan, er weiß auch von handfesten Genüssen zu berichten, wie 1838 auf einer Reise nach Nürnberg: »Wie ich mich [...] auf die Lebkuchen freue, kann ich nicht beschreiben, da will ich einmal die Süßigkeiten des Lebens in vollen Zügen kosten.«

(alle Zitate nach WWV, hier S. 26) Auch regelrechte Schreckensszenarien allerdings scheinen sich ihm zu bieten, so zwei Jahre früher, am 23. Juni 1836, aus Berchtesgaden, wo wegen der ausbrechenden Cholera die Wirtshäuser überfüllt sind: »Ich bin hier in einem miserablen Bauernwirtshaus [...] einquartiert. Wir liegen auf muffigen Strohsäcken und fressen Dreck mit dem größten Appetit.« (S. 26)

In einem Brief vom 28. August 1844 aus Partenkirchen hingegen erfährt sein Bruder Eduard von einem angenehmeren Quartier, verbunden mit der Einladung, ihn doch dort zu besuchen: »Glücklich hier angekommen beeile ich mich Dich zu grüßen. Ich wohne neben der Post privat. In meinem Zim-

Carl Spitzweg, Fränkische Landschaft mit Wirtshaus, davor eine Gruppe Gäste, *um 1875, Privatbesitz (WWV 1314)*

mer stehen 2 Betten, so daß wenn Du allenfalls einmal kommen wolltest Du auch gleich da wohnen könntest. – wie geht's Dir? Was macht die Nani [Eduards Frau Angelika]? [...] Laß mich nicht lange warten [...]. [Bernhard] Stange & [Eduard] Schleich grüßen Dich. [...] Grüße an alle Deine Leute und dem Eugen kannst Du erzählen wie der Onkel auf den Bergen herumsteigt [...].« (S. 26)

In einem Brief vom 14. August 1855 aus Schliersee: »Unsere Abwechslung: regelmäßig Morgens der Kaffee im Wirtshause und die Zeitungen und Mittags eine table d'hôte, wo mehr gefressen als gegessen und geschnattert als geredet wird.«

Besonders eine Gruppe älterer Frauen am Nebentisch entgeht in dieser Hinsicht nicht Spitzwegs scharfem Blick: »3 alte Nürnberger Jungfern, eine hässlicher als die andere, machen uns viel Spaß, aber auch viel Angst, denn wenn wir nicht recht vorsichtig sind und uns nicht gleich vorsehen beim Essen, so kommen wir zu kurz, weil jede Schüssel, die ihnen in die Hand fällt, leer zurückkommt. Sie denken wohl, ›Mann kriegen wir doch keinen mehr, also wollen wir wenigstens sonst was genießen.‹ Leider haben sie nicht drei Augen, sonst würden sie nicht schielen müssen, da sie jetzt mit dem einen Auge den Teller des Nachbarn zur Linken und mit dem andern den des zur Rechten, abwechselnd mit dem eigenen Teller überblicken müssen.« (zit. nach Wilhelm Spitzweg, S. 99)

Auch an anderer Stelle äußert sich der Maler über Gasthäuser, in denen er Quartier nahm. So 1856 aus Oberammergau, wieder an seinen Bruder Eduard: »Bin beinahe wieder so allein wie in Rottenbuch – aber die Gegend ist wenigstens hier auf der Südseite, der Weg nach Ettal herrlich [...]. Das Gasthaus ist hier gut.« Und ein weiterer angenehmer Aspekt: »Die Fremden, die reisenden Stadtleute, die sich länger hier aufhalten, fehlen gänzlich.« (WWV, S. 30)

Rechts: Carl Spitzweg, Ankunft in Seeshaupt, *um 1870, Privatbesitz (WWV 1173).*

»*Leipziger Lerchen*«

(Gebratene Täubchen)

Um die Freunde unserer gefiederten Sänger nicht gegen uns aufzubringen, verwenden wir hier Täubchen anstelle der von Spitzweg vorgesehenen Lerchen. Das unter dieser Bezeichnung bekannte Gebäck hatte der Maler allerdings offensichtlich nicht im Sinn (vgl. Originalrezept S. 165).

4 Täubchen (gut abgehangen)
etwas Salz · frisch gemahlener Pfeffer aus der Mühle
4 Scheiben Speck

Zum Braten:
3 EL Pflanzenöl
250 ml heiße Geflügelbrühe (in einem Topf warm halten)

Zum Verfeinern (auf Wunsch):
4 EL Sauerrahm · (evtl. Salz und Pfeffer)

Den Backofen auf 240° C vorheizen. Die Täubchen innen und außen leicht mit Salz und Pfeffer einreiben und sie auf der Brustseite mit einer Speckscheibe umwickeln (evtl. mit Küchengarn fixieren).

Das Öl im Bräter heiß werden lassen und die Tauben mit der Brust- und Speckseite nach unten hineingeben. Auf der Mittelschiene des Ofens braten, dabei mehrmals mit Bratenfett begießen. Bei Bedarf hin und wieder etwas heiße Brühe angießen. Wenn der Rücken schön gebräunt ist (nach etwa 20 Minuten), die Vögel wenden und dabei die Speckscheiben entfernen. Auch die Brustseiten Farbe annehmen lassen und fertig braten, dabei weiter mit Bratenfett und Brühe begießen (gesamte Bratzeit: ca. $^{3}/4$ Std.).

Die Täubchen aus der Sauce nehmen und im Herd warm stellen. Den Bratenfond nach Belieben mit Sauerrahm verrühren, passieren und mit Salz und Pfeffer abschmecken. Die Täubchen halbiert mit etwas Sauce anrichten. Dazu passen Kartoffelpüree (vgl. Rezept S. 34), Gemüsegarnituren und Blattsalate.

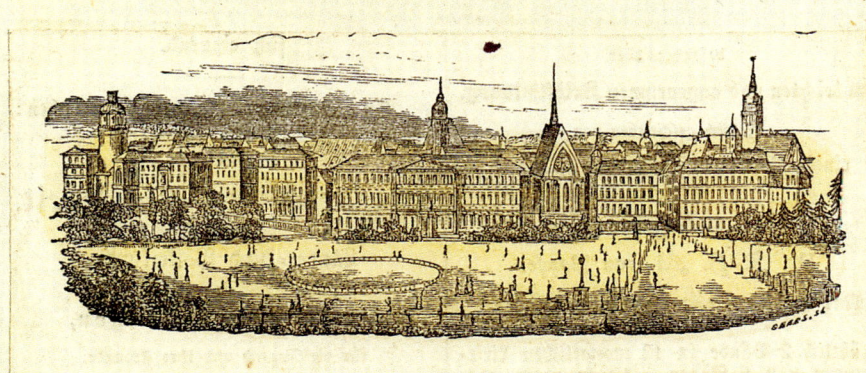

Leipziger Lerchen.

Fabrikation.

Man nehme die Lerchen, wenn sie gehörig ge-
prüfet und rein genommen worden sind, ein einen
kleinen irdenen Topf, und lege allemal zwischen
zwei Lerchen ein Stückchen frischen Speck, das
mache sie mit Semmelbröseln, Mehl, Ingwer, Pfeffer
und Salz, welches alles gut untereinander gemischt
worden sein muss, bestreuhe sie mit Butter, damit
sie saftig bleiben, röste vor dem Anrichten noch
Semmelbröseln in Butter schön gelb, und bestreue sie
angerichtet damit.

Wildschweinbraten

1 Rücken vom Frischling (1-jähriges Wildschein, gut abgehangen;
Fleisch von älteren Tieren muss vorher 2–4 Tage gebeizt werden)
Salz · frisch gemahlener Pfeffer
mehrere zerstoßene Wacholderbeeren · getrockneter Thymian
60 g zerlassene Butter
2 Zwiebeln (in Viertel geschnitten) · 1–2 gelbe Rüben (Karotten)
1 Sellerieknolle · einige grüne Pfefferkörner
einige Wacholderbeeren · 2 Lorbeerblätter
etwas Speck (nach Belieben)
250 ml heiße Fleischbrühe · 250 ml Rotwein

Zum Verfeinern:
6 El Sauerrahm
125 ml Johannisbeersaft oder 2 EL Johannisbeergelee

Den Backofen auf 200–220° C vorheizen.
Fleisch waschen und die Schwarte ablösen. Mit Salz, Pfeffer, Wacholder und Thymian einreiben und in einen Bräter legen. Mit Butter übergießen und zusammen mit Zwiebeln, Wurzelgemüse und Gewürzkörnern (auf Wunsch zusätzlich Speck) auf mittlerer Schiene für 1–1 1/2 Stunden in den vorgeheizten Ofen schieben. Wenn das Gemüse braun zu werden droht, mit einer kleinen Schöpfkelle heiße Brühe zugießen (dies mehrmals wiederholen).

Nach etwa der Hälfte der Bratzeit das Fleischstück einmal wenden, danach zum Aufgießen den Rotwein benutzen. Während des gesamten Garvorgangs den Wildschweinrücken mehrmals mit Bratensaft begießen. Den fertigen Braten (er sollte noch zartrosa sein) aus der Sauce nehmen und warm stellen.

Bratensatz mit dem Schaber lösen und noch einmal aufkochen lassen. Die durch ein Sieb passierte Sauce mit Rahm und Johannisbeersaft bzw. -gelee binden und abschmecken.
Mit einem langen Messer das Fleisch vom Rücken lösen und – schräg zur Faser – in dünne Scheiben schneiden. Diese schuppenartig auf einer Servierplatte anrichten und mit der Sauce überziehen. Dazu serviert man Blaukraut (Rotkohl), Kartoffelpüree (vgl. Rezept S. 34) oder Knödel (vgl. »Semmelschmarrn«, S. 110) und trinkt – natürlich – einen gehaltvollen Rotwein.

Schwarz-Wild.

Semmelschmarrn

8 altbackene Semmeln
1/2 l Milch
4 Eier
etwas Salz
Fett zum Ausbacken
(Pflanzenfett oder Butterschmalz)

Zum Bestreuen:
Zucker oder Puderzucker (nach Wunsch)

Die Semmeln in Würfel oder Scheiben schneiden. Die Milch mit Eiern und Salz verquirlen und über die Semmeln gießen. Etwa 30–60 Minuten stehen lassen, bis die Semmeln die Milchmasse aufgesogen haben.

In einer Pfanne mit heißem Fett die eingeweichten Semmeln unter mehrmaligem Wenden goldgelb backen. Mit Zucker bestreut als Dessert servieren oder ungesüßt ähnlich wie Semmelknödel als Beilage zu Fleisch- und Fischgerichten (vgl. Rezept »Böhmischer Karpfen mit brauner Sauce«, S. 113).

" " a Schwarren! " "

6 Semmeln werden klein geschnitten, mit ½
Schoppen Milch mit 3 ganzen Eiern abge-
schwindelt, über die Semmeln gegossen, einige Zeit
liegen lassen gelassen bis die Semmeln die Milch
eingezogen haben; dann läßt man ¼ ℔ Schmalz
heiß werden u. gibt die gewaschenen Semmeln hinein.
u. bradet ab. wie den einen hatbrat; dann ist
der Schmarren fertig.

Renken nach Müllerin Art

4 mittelgroße Renken oder Forellen
etwas Zitronensaft
Salz
weißer Pfeffer aus der Mühle
etwas Mehl zum Bestäuben
ca. 50 g Butter oder Butterschmalz zum Braten

Zum Begießen:
4 EL fein gehackte Petersilie
20 g geschmolzene Butter
Salz
etwas Zitronensaft

Die geschuppten und ausgenommenen Fische innen und außen mit Zitronensaft beträufeln und gut durchziehen lassen. Anschließend mit etwas Salz und Pfeffer würzen und beidseitig etwas 2–3 Mal einschneiden.

Die Fische leicht mit Mehl bestäubt in der Butter goldgelb braten, ca. 4–5 Minuten auf jeder Seite. In der Zwischenzeit die Petersilie in Butter dünsten, mit Salz und etwas Zitronensaft abschmecken. Die Fische mit der Sauce übergießen und sofort servieren.

Passende Beilagen: Salz- oder Petersilienkartoffeln und grüne Salate aller Art.

Böhmischer Karpfen mit brauner Sauce

1 kg Karpfen
etwas Zitronensaft (3 Scheiben für den Sud verwenden) · Salz

Für den Fischsud:
1 l Salzwasser (20 g Salz je l)
1 Bund Suppengrün (Gelbe Rübe (Karotte), Sellerie, Lauch)
1 Zwiebel, in Scheiben geschnitten · 1 kräftiger Schuss Essig
3 Scheiben unbehandelte Zitronen · 1 Prise Zucker
mehrere Wacholderbeeren, leicht zerdrückt
3 große Salbeiblätter · einige Blättchen Zitronenmelisse

Für die braune Sauce:
30 g Fett (z. B. Butterschmalz) · 1 TL Zucker · 30 g Mehl · 1/2 l Fischsud
50 g Mandeln in Stiften · 30 g Walnüsse, grob gehackt
40 g Rosinen, gebrüht · 1 EL Johannisbeergelee
Salz · Pfeffer · 150 ml Rotwein · 1 Schuss Sahne

Den Karpfen säubern, in Portionsstücke zerteilen, mit Zitronensaft beträufeln und leicht salzen. (Kopf und Gräten für den Sud zurückbehalten.)

Aus den oben genannten Zutaten einen Fischsud kochen und etwa 15 Minuten sieden lassen. Die Fischabfälle hinzufügen und etwa 15 Minuten mitkochen lassen. Die vorbereiteten Fischstücke in den heißen Sud legen und eine Viertelstunde gar ziehen, jedoch nicht kochen lassen.

Für die braune Sauce das Fett in einem großen Topf erhitzen und den Zucker hellgelb bräunen (nicht zu dunkel werden lassen, da er sonst bitter schmeckt). Das Mehl hinzufügen und goldgelb werden lassen. Den Topf von der Flamme nehmen und mit Fischsud aufgießen. Gut verrühren und Mandeln, Nüsse, Rosinen und Gelee hinzufügen. Bei mäßiger Hitze eine Viertelstunde ohne Deckel unter leichtem Rühren köcheln lassen. Mit Salz und Pfeffer abschmecken und mit einem kräftigen Schuss Rotwein und Sahne verfeinern. Auf Wunsch durch ein Sieb passieren.

Den Karpfen auf vorgewärmten Tellern mit der Sauce anrichten.

Dazu passen Kartoffeln und Knödel aller Art, besonders Semmelknödel (vgl. Rezept »Semmelschmarrn«, S. 110).

Ein Omelett auf englisch

(Un Omelette a l'Angloise)

»Schlage Eyer aus, soviel du glaubst vonnoethen zu haben, salze und pfeffere sie, gieß ein wenig sueßen Rahm dazu, und ein wenig fein geschnittenen Petersill, schlage die Eyer gut ab, thu ein Stueck frischen Butter in die Omelettenpfanne mit ein wenig fein geschnittenen Zwiebeln, laß sie ein wenig passiren, und gieß die Eyer hinein, laß sie nur auf einer Seite schoen gelb anziehen, thu es [das Omelett] hernach ueberschlagen, dass es in der Mitte lind [weich] bleibt, richte es auf die Schuessel und gieß eine gute *Jus* darueber, alsdann servire es warm zur Tafel.«

(Neubauer, S. 451)

Ein Omelett auf genuesisch

(Un Omelette a la Genoise)

»Schlage Eyer aus nach Belieben, thu eine fein geschnittenen Petersill, ein wenig Pfeffer und ein klein wenig Salz dazu, thu sie gut abschlagen mit ein wenig sueßem Rahm, wasche nach diesem 6 oder 12 Sardellen, nachdem du Eyer hast, spalte sie von einander, die Graeten davon, wenn das Omelet[t] halb gebacken ist, so thu die Sardellen sauber hineinlegen und das Omelet[t] hernach umwenden und gar backen lassen, alsdann zur Tafel serviren, auf solche Art kannst du es auch mit einem guten und fetten Kaeß machen, auch mit geriebenen Parmesankaeß, welchen die Italiener sehr lieben.«

(Neubauer, S. 451)

Einen Kapaun auf italienisch

(Un Chapon a l'Italienne)

»Thu den Kapaun [Masthahn] sauber dressiren, thu in einen Kastrol [Kasserolle] eine Speck-barten mit einem ganzen Zwiebel und ein Lorbeerblatt, auch etwas Kraeuter, lege den Ka-paunen dazu mit etlichen Schnitz Schunken [Schinken] oder Cervelaltwuerste, setze ihn auf eine Glut und laß ihn staet duensten bis er gelb wird, du must ihn allezeit im Saft erhalten, auf die letzte thu eine Sardellen fein gehackt dazu, die Felten wohl davon, druecke den Saft einer Lemoni [Limone] hinein, servire den Kapaun auf die Schuessel, und passire die Sauce daran, alsdann servire sie zur Tafel.«

(Neubauer, S. 376)

Einen starken Nierenbraten auf englische Manier

(Une Longe de Veau a la broche)

»Nimm den Nierenbraten, thu ihn in ein langes Kastrol [Kasserolle], schuette eine Milch da-rueber, dass es bedeckt wird, hernach thue ganzes Gewuerz dazu, Naegelein [Nelken], etliche weiße Pfefferkoernlein, Muscatenblueth, thue auch dazu ein wenig Thymian und Basilicum, ein paar Lorbeerblaetter, etliche Zwiebel Blaettleinweis geschnitten, etliche Charlotten, schnei-de auch von allerhand Wurzeln dazu, naemlich gelbe Ruben, Petersill, Pastenard [Pastinaken] und Zelleri [Sellerie], laß es hernach ueber Nacht stehen, den andern Tag 2 Stunden vor dem Anrichten nimm es aus der Milch, steck es an den Bratspieß, thu es salzen und mit schönem Mehl besaeen [bestreuen], thu es zum Feuer, und laß es ein wenig anziehen, hernach thu es zum oeftern mit frischem Butter begießen, laß es schoen braten, dass es eine schoene Farbe bekommt, ist es Zeit zum serviren zieh es vom Spieß, leg es auf die Schuessel und gieb ein wenig klare *Jus* darunter, das ist ein Stueck vor auzuwechseln, ist es recht delicat.«

(Neubauer, S. 59 f.)

Egerländer Braten mit Gurkengemüse

1,2 kg Kalbsschlegel (mit Knochen)
ca. 125 g Sardellen
100 g Speck · 2 Zwiebeln, geviertelt
etwas Öl · 100 ml Arrak

1 kg Gurken · Salz
Saft von 1 Zitrone
30 g Butter · 1 EL Mehl
4 EL Sahne
frischer Dill oder Petersilie
frisch gemahlener Pfeffer aus der Mühle

Den Schlegel abwechselnd mit Sardellenfilets und Speckstreifen umwickeln. Den Backofen auf etwa 200–220 °C vorheizen.

Das Fleisch mit Öl bestreichen. Mit den Zwiebelvierteln in einen Bräter geben und in den Ofen schieben. Nach etwa der Hälfte der Garzeit (etwa 30–40 Minuten) auf der Fleischseite (nicht von unten, wo der Knochen sitzt!) zwei Schnitte machen bis in die Hälfte des Bratens und den Arrak hineingießen. Anschließend den Braten zubinden und fertig garen. Hin und wieder mit Bratflüssigkeit begießen. Vor dem Servieren etwa 10 Minuten warm stellen und ruhen lassen.

Für das Gemüse die Gurken waschen, schälen und der Länge nach halbieren. Das weiche Innere herausschaben und die Gurkenhälften in etwa fingergroße gleichmäßige Stücke schneiden. Nur wenig salzen und mit Zitronensaft beträufelt durchziehen lassen. Aus Butter und Mehl eine helle Buttersauce zubereiten und die Gurken samt der Flüssigkeit, die sie gezogen haben, zugedeckt bei mäßiger Hitze etwa 20 Minuten darin garen. Zuletzt mit Sahne, fein gewiegten Kräutern und Pfeffer nach Belieben abschmecken und zu dem Fleisch servieren.

Nürnberger Lebkuchen

Für etwa 25 Stück

150 g geschälte Mandeln, fein gerieben
5 Eiweiße · 300 g gesiebten Puderzucker
$^1/_2$ TL frisch gepresster Zitronensaft · 1 TL Zimt
1 Msp. frisch geriebene Muskatnuss
abgeriebene Schale von $^1/_4$ unbehandelten Zitrone
je 50 g Zitronat und Orangeat, sehr fein gehackt
125 g gesiebtes Weizenmehl
ca. 3 g Hirschhornsalz, in 1 EL Wasser aufgelöst

Zum Backen:
große rechteckige Oblaten

Für die Glasur (nach Wunsch):
200 g Puderzucker · 1 EL Zitronensaft · 1 EL Arrak
1–2 EL warmes Wasser

Die geriebenen Mandeln im Ofen auf einem trockenen Blech leicht anrösten und wieder abkühlen lassen. Beiseite stellen.

In der Zwischenzeit das Eiweiß mit dem Mixer steif schlagen und den feinen Puderzucker sowie tropfenweise Zitronensaft darunter rühren. Der Eischnee sollte danach sehr steif, schaumig und glänzend sein. Anschließend Zimt, Muskat, geriebene Zitronenschale, Zitronat, Orangeat, Mehl mit dem aufgelösten Hirschhornsalz untermengen, zuletzt die geröstete Mandelmasse gründlich unterheben.

Den Backofen auf 150–170 °C vorheizen.

Die Oblaten in Rechtecke von ca. 6 x 9 cm schneiden und auf einem Backblech auslegen. Je etwa 25 g der Teigmasse (beim ersten Mal mit der Waage kontrollieren, anschließend analog abmessen) darauf streichen und über Nacht vortrocknen lassen. Dann bei schwacher Hitze langsam backen und anschließend auskühlen lassen.

Für die Glasur den Puderzucker mit Saft, Arrak und Wasser glatt verrühren, sodass sich keine Klümpchen bilden, und auf den ausgekühlten Lebkuchen verstreichen.

Kalbsleber auf genuesische Manier

(Und de foye de Veau a la Genoise)

»Die Kalbsleber, nachdem sie abgehaeutelt ist, thu in schoene Schnitze schneiden, nicht zu duenn und auch nicht zu dick, rangire [arrangiere] sie in eine Schuessel und gieß eine sueße Milch darueber, laß ein paar Stunden stehen, hernach thu sie aus der Milch auf ein sauberes Tuch oder Serviette, druecke sie ein wenig ab, thu hernach ein Stueck frischen Butter in einen Kastrol [Kasserolle] und laß ihn zergehen, bis er anfangen will, gelblicht zu werden, nimm nach diesem ein Stuecklein nach dem andern, thu es in fein geriebenem Brod umkehren, und leg es in den Kastrol, thu sie ein wenig salzen und pfeffern, laß stehen bis es Zeit zu serviren, setz sie sodenn auf das Feuer und laß sie backen, bis sie schoen gelb sind, hernach thu sie umwenden und auf der andern Seite auch schoen gelb werden lassen, das Feuer muß aber schnell seyn, damit sie nicht zu trocken wird, alsdann thu sie auf die warme Schuessel anrichten ohne Butter, und zur Tafel serviren, sie ist auf diese Weise mild und gut.«

(Neubauer, S. 282)

Rechts: Carl Spitzweg, Bayerischer Bauerngarten, *um 1844/50, Privatbesitz (WWV 104).*

118

»... unsre Eintracht wanket nicht« – Ein Besuch bei Eduard

Als sein damals 18-jähriger Bruder Eduard 1829 in Triest an einer »Gehirnentzündung« erkrankt, scheint es für Carl Spitzweg, frisch gebackener Provisor in der Straubinger Löwenapotheke, kein Zögern zu geben: Er bricht unverzüglich im »Eylwagen« zu seiner ersten Italienreise auf, um dem Nesthäkchen der Familie in der Fremde beizustehen. Zwei Wochen später ist Eduards Genesung sicher gestellt, und der Ältere kann beruhigt wieder heimkehren: »[...] ein einziger Arzt, sozusagen ein entschiedener Feind aller hiesigen Doktoren, rettete ihn durch eine äußerst wirksame thätige Kur – Blutigel, Aderlässe und mehrere Vesicatoren« (zit. nach Wilhelm Spitzweg). Erst im Vorjahr war der Vater der beiden, Simon Spitzweg senior, in München verstorben, nachdem die Mutter Franziska bereits am 7. Mai 1818 ihre drei Söhne als Halbwaisen zurückgelassen hatte – bestens versorgt durch ihre eigene Schwester Kreszentia Schmutzer, die der Witwer schon im Jahr darauf heiratete. Eine solche Vernunftehe war damals durchaus nicht selten, als solche Verbindungen nicht vordergründig auf romantischen Gefühlen basierten, sondern eher handfesten wirtschaftlichen Interessen entsprachen – und vielleicht gerade deshalb tragfähiger waren. Die Konstellation zumindest erwies sich offensichtlich als so erfolgreich, dass

Seite 120/121: Carl Spitzweg, Der Gutsherr (Der Hagestolz), um 1850/55, Privatbesitz (WWV 460).

Eduard selbst sich später auf ein ähnliches Arrangement einließ.

Ein ägyptisches Abenteuer

»Uns lieben ist uns süße Pflicht,
Und unsre Eintracht wanket nicht.
So lang wir leben, Bruder, bester,
Wird unser Bund nur immer fester [...].«

Dieses Gedicht hatte Eduard, damals gerade zwölf Jahre alt, am 21. Juni 1823 dem ältesten Bruder Simon als Stammbuchblatt in die Hand gedrückt, als dieser das väterliche Haus verließ, um nach Augsburg zu gehen.

Dort blieb er bis 1826 und reiste anschließend in die Hafenstadt Triest. Doch statt dort im befreundeten Handelshaus Leopold Marinitsch eine Kaufmannslehre zu absolvieren, schiffte er sich bald darauf auf der Brigg »Svegliatore« ins ägyptische Alexandria ein, wo eine attraktive Handelsposition wartete – ein verhängnisvoller Schritt. Denn knapp ein Jahr nach dem Tod des Vaters, am 28. April des Jahres 1829, wurde auch der Stammhalter der Familie während einer Pestepidemie von einem »hitzigen Fieber« dahingerafft:

»Es thut mir leid, Ihnen die traurige Nachricht geben zu müssen, anstatt Ihnen Ihren Sohn zurückzusenden. [...] Das frühe Ende dieses braven, jungen Mannes hat mich sehr geschmerzt, sein biederer, offener Charakter hatte ihm mein Zutrauen und meine Freundschaft gewonnen«, schreibt Simons ehemaliger Prinzipal, der dänische Konsul Dumreicher, an die untröstliche Stiefmutter …

Die einstige Idealfamilie aus Vater, Mutter und drei hoffnungsvollen Söhnen ist jetzt auf die beiden Brüder Carl und Eduard reduziert, wodurch sich zugleich des seligen Vaters Arrangements bezüglich ihrer Laufbahn zerschlagen haben: Während der Erstgeborene Simon das Stammhaus der Familie nicht weiterführen kann, hat Carl durch seine Apotheker-Ausbildung diesen Plänen zumindest formal entsprochen – auch wenn er seinen Beruf später nicht aktiv ausübt. Denn seine wahren Interessen liegen ja ganz offensichtlich auf anderem Gebiet.

Carl Spitzweg, Das Klavierspiel, *um 1840, Privatbesitz (WWV 161). Diese Ölstudie, gesichert durch Eintrag im Tagebuch von 1839, zeigt ein typisch biedermeierliches Familienidyll: »[Spitzwegs Stief-] Mutter Kreszentia am Piano forte, hinter ihr Hermann [Neunerdt, ihr zweiter Mann]. Im Hintergrund auf dem Vorhang die Schattensilhouette Neunerdts als Teufel, der die Flöte spielt« (als Anspielung auf das ursprünglich schlechte Verhältnis, das Spitzweg zu seinem Stiefvater hatte?).*

traut zu machen. Die Anfangsgründe hatte er nach Abschluss des Königlichen Alten Gymnasiums in München am 7. Februar 1827 noch im elterlichen Geschäft erlernt. Die Spezereiwarenhandlung Simon Spitzweg senior allerdings wird er später nicht selbst übernehmen. Vielmehr wird seine Stiefmutter in einem ihrer energischen Entschlüsse einen gewissen Hermann Neunerdt ehelichen, einen tüchtigen Kaufmann, den die »Einheirat« zum Chef des Unternehmens macht.

Die jetzt ganz verwaisten Brüder können sich auf die Fürsorge ihrer Stiefmutter-Tante verlassen, zumal diese beider Zukunft durch eine stattliche Abfindung aus dem väterlichen Vermögen abzusichern weiß. Hingegen war ihr Verhältnis zum Stiefvater (nicht zuletzt aufgrund seines rechthaberischen Wesens) anscheinend nicht spannungsfrei – was den innerfamiliären Zusammenhalt wohl weiter schwächte und die beiden veranlasste, sich noch enger zusammenzuschließen. »Herr Neunerdt war kein Simon Spitzweg; und wenn auch die Briefe im allgemeinen in einem freundschaftlich-familiären Ton gehalten sind, so lässt sich doch da und dort, wenn es sich um geldliche Dinge, um Erbauseinandersetzung, oder um Ausgaben des täglichen Lebens handelt, die etwas engherzige Einstel-

Eduards Lehr- und Wanderjahre

Zunächst jedoch wird Eduard als pflichtbewusster Stiefsohn die Stelle des verstorbenen Bruders einnehmen und im November 1829 nach Triest gehen, der multinationalen Handelshochburg der Habsburger, um sich dort mit dem Kaufmannswesen ver-

lung des Stiefvaters herausspüren.« (Wilhelm Spitz-weg) Die Brüder sehen sich so oft wie möglich, so auch nach Carls mit Bravour bestandenem Pharmazieexamen, als er Eduard im April 1832 in Triest besucht: »Carls Hieherkunft war wirklich ein gescheider Gedanke, er machte mir herzliche Freu-de. […] Das war ein Wieder-sehen – mir blieben alle fünf Sinne unthätig – ich wollte, Sie wären mein Augenzeuge gewesen. Nun sind aber die vergnügten Stunden fort […] ich glaube, nur geträumt zu haben […]. Der Abschied ist uns beyden recht sauer ge-worden!« berichtet Eduard später an seinen Stiefvater nach Hause.

Wenn die beiden Brüder sich nicht persönlich treffen kön-nen, pflegen sie zumindest eine rege Korrespondenz, in der auch einmal – in legerem Ton – ausbleibende Briefe an-gemahnt werden: »Ich habe mich erkundigt und doch keine Briefe erhalten – Herr Bruder Sie sind ein stinkfaules Luder! – Gottlob, wenn Dich sonst nichts abhält als deine Faulheit, mir zu schreiben – dann bin ich schon wieder zufrieden.« (Carl am 8. Juli 1832 von einer Italienreise an Eduard)

In Triest fühlt Eduard sich sichtlich wohl, und auch die italienische Sprache scheint er zuletzt fast perfekt beherrscht zu haben, wie bereits sein Vater Simon, dem ja ebenfalls ein ausgeprägtes Talent für Spra-chen bescheinigt wurde. So schreibt sein italieni-scher Freund Giorgio Nordio später an Eduard: »Ich

Carl Spitzweg, Eduard Spitzweg, *um 1835/36 (WWV 139). Der musikalisch begabte Eduard (1811–1884) blieb seinem älteren Bruder Carl, der niemals heiratete, lebenslang eng verbunden.*

staune über die Fortschritte, die Du in dieser Spra-che machst, schade, daß Du Italien so fern bist, in kurzem würdest Du ein großer Gelehrter.« (zit. nach Wilhelm Spitzweg) Eduards intensive Studien in der »bella lingua« finden später tatsächlich in einem kleinen Traktat ihren Niederschlag: »Praktische Notizen aus der italienischen Umgangssprache mit beson-derer Berücksichtigung der Venetianischen und Triestiner Volksmundarten«.

Doch nach insgesamt fünf-jährigem Aufenthalt in der Hafenstadt wird sein Wunsch heimzukehren immer stärker. Der Rat des Stiefvaters stimmt Eduard noch einmal um: »Machen Sie sich jetzt noch nicht selbständig, sehen Sie sich die Welt an, solange sich hier noch keine Gelegen-heit bietet, […] scheuen Sie die Kosten nicht, die Sie spä-ter wieder leicht hereinbrin-gen.« Er geht jedoch nicht nach Frankreich, wie man ihm empfiehlt, sondern bleibt in Italien, das sich ihm jetzt in einer größeren Rundreise erschließt: Venedig – Verona – Florenz – Rom – Neapel – Genua – Pavia und Mailand heißen seine Stationen, bevor er sich über die Alpen heimwärts begibt und im November 1834 nach Jahren erstmals wieder bayerischen Boden betritt.

Da das Entgegenkommen des Stiefvaters in ge-schäftlichen Angelegenheiten offenbar nicht allzu groß gewesen war, macht sich Eduard im Frühjahr 1836 noch einmal auf die Reise, eine Stelle im Aus-

land anzutreten – diesmal in Ödenburg im Burgenland, das er über Wien ansteuert. Doch die Arbeit im Kontor des Herrn Ignaz Flandorffer ist offensichtlich eine rechte Fron: »Ich habe zu arbeiten, dass mir die Finger krachen, muß schanzen wie ein Unsinniger, bin Sklave dieses vermaledeiten Comptoirlebens.« Und so ist er froh, im September dort seine Zelte abbrechen zu können, um sich mit Carl zu treffen, der sich gerade in Wien aufhält:
»Die beiden genossen die ihnen geschenkten Wochen nach Herzenslust, um so mehr, als sie dort Freunde und Bekannte hatten und ihnen manches Haus gastlich offen stand. Sie zogen kreuz und quer durch die schöne Stadt, freuten sich ihres jungen Lebens und gingen auch an den hübschen Mädchen

nicht achtlos vorüber.« (Wilhelm Spitzweg) Doch schon am 12. November reist man über Passau – Plattling – Landshut und Freising zurück nach München, wo sich Eduard am 21. November folgende gespenstische Szenerie bietet: »die Ludwigstraße herein – Cholera-Laternen und leere Straßen« (zit. nach Wilhelm Spitzweg).

Die Brüder werden sesshaft

Nach mehrjährigem Auslandsaufenthalt war Eduard Spitzweg nun endgültig nach München zurückgekehrt und erwarb 1837 die Musikalienhandlung Josef Aibl in der Rosengasse 5, um sich damit eine

Carl Spitzweg, Der Münchner Viktualienmarkt, *Beistiftzeichnung. Aus: Wilhelm Spitzweg,*
»Der unbekannte Spitzweg«, München (Braun & Schneider), 1958.

Carl Spitzweg im Kreise der Familie seines Bruders Eduard, Fotografie, um 1847. V. l. n. r.: Angelika geb. Moralt (gest. 1873), die zweite Frau Eduards, mit der gemeinsamen Tochter Franziska, gen. Fanny (geb. 1849), daneben Carl und Eduard, flankiert von dessen beiden Söhnen Eugen (1840–1914) und Otto (1843–1921) aus erster Ehe mit Anna, gen. Nanette, geb. Moralt (Foto: Atelier Franz Xaver Spiegel, München). Nicht auf dem Photo zu sehen ist die jüngste Tochter des Paares, Caroline, die erst 1856 geboren wird.

eigene wirtschaftliche Existenz zu schaffen – Voraussetzung für eine Eheschließung. Folgender Umstand kam ihm hierbei zugute: Zum Bekanntenkreis der Spitzwegs gehörte der »in Münchner Musikkreisen hoch angesehene Hofmusik-Instrumentaldirektor und Königl. Konzertmeister Joseph Moralt« (Wilhelm Spitzweg). Dieser dürfte den Kauf von der Witwe des verstorbenen Inhabers vermittelt haben, die auf die Fortsetzung der ihrem Mann im Jahre 1825 erteilten Konzession verzichtete.

Moralt hatte zudem in Anna, gen. Nanette (1812 bis 1844), eine hübsche Nichte, »die – wie konnte es anders sein – ein musikalisches Talent war und als Pianistin schon in jungen Jahren in London große

Konzerterfolge errungen hatte« (Wilhelm Spitzweg). Eduard und Anna heiraten 1838 und bekommen kurz hintereinander zwei Söhnchen: Eugen (geb. 1840) und Otto (geb. 1843). Doch schon kurz nach der Geburt des Jüngsten beginnt die zarte Anna zu kränkeln und stirbt im darauf folgenden Jahr. 1845 ehelicht Eduard – nach dem erfolgreichen Vorbild seines Vaters – deren Schwester Angelika, mit der er offensichtlich ebenfalls eine recht glückliche Ehe führt. Ihr entstammen zwei Töchter, Franziska (geb. 1845) und Caroline (geb. 1856), spätere Adressatin der »kulinarischen Dossiers« ihres Onkels Carl (vgl. S. 30 ff.).

Die Geschäftsgründung und seine wachsende kleine Familie nehmen Eduards ganze Kraft in Anspruch, ohne dass deshalb jedoch das herzliche Verhältnis der beiden Brüder leidet. Auch mit seinen beiden »Bruderinnen« pflegt Carl zeitlebens freundschaftliche Kontakte. Im Gegensatz zu seinem Bruder unternimmt Eduard kaum noch Reisen – so 1846 mit Angelika und dem Söhnchen Eugen für mehrere Wochen in die Lombardei und 1851 zusammen mit Carl und Eduard Schleich zur Weltausstellung in Paris (s. auch S. 98 ff.).

Das Geschäft, in das seine ganze Energie fließt, floriert offensichtlich, sodass es bereits Ende der 1840er Jahre in die vornehmere Promenade-Straße verlegt werden kann. Als Eduard 1884 stirbt, hat es sich zu einem veritablen Unternehmen entwickelt. (Als zweites Standbein neben dem Musikaliensortiment gehört auch ein Musikverlag dazu, der jedoch erst von seinen Söhnen Eugen und Otto weiter ausgebaut wird. Verlegt werden dort später so prominente Komponisten wie Hans von Bülow [1830 bis 1894], Joseph Rheinberger [1839–1901], Max Reger [1873–1916] und Richard Strauss [1864 bis 1949].)

Carl Spitzweg selbst verließ in seiner Münchner Zeit niemals den engeren Radius der Altstadt, innerhalb der er allerdings mehrmals umgezogen war, bevor er endgültig am Heumarkt ankam (s. S. 26). Das elterliche Geschäft hatte sich in der Eisenmann-/Ecke Neuhauser Gasse befunden. Dort wohnte er zunächst oben, später unten bei den Großeltern. Im Juni 1833 verlegte er seinen Wohnsitz in die Diener-Gasse 9, 1842 in die Pfandhausgasse 3 und 1858 in die Neuhauser Gasse 11, die ihm wegen des lauten Durchgangsverkehrs jedoch bald unerträglich wurde. »Im Bereich des Angerer- und Sebastiansplatzes, wo er ebenfalls vorübergehend ein Domizil fand, war er häufig unterwegs, wanderte hinüber zur Rosengasse 5, wo Eduard sein erstes Geschäft aufgebaut hatte und auch selbst wohnte. Von dort aus ging er zuweilen hinüber zum Alten Peter und zum Viktualienmarkt.« (Wichmann, »Reisen …«, S. 300)

Der alte »Hagestolz«: eine tragische und eine komische Affäre

Der Junggesellenstatus des Malers gab zu diversen Spekulationen Anlass, zumal er, wie wir aus Berichten seiner Zeitgenossen wissen, für die Reize der holden Weiblichkeit durchaus empfänglich war. Andererseits besaß er anscheinend eine Begabung, sich in die falschen Frauen zu verlieben, genauer gesagt in solche, die bereits anderweitig gebunden waren und somit unerreichbar blieben. So wissen seine Biographen über eine »ernste tiefe Liebe« (Wilhelm Spitzweg) zu Clara Lechner zu berichten, die offensichtlich zu den schmerzlichsten Erfahrungen seines Lebens zählte:

»Er hatte einer blitzsauberen Tischlerstochter aus Tölz […], die jung mit einem Webermeister Raab

Oben links: Carl Spitzweg, Selbstbildnis, 1836, Privatbesitz (WWV 130): »Ein hübscher Junge war er schon, der Spitzweg Carl, trotz der kleinen Figur und der Brille, die der Kurzsichtige schon früh trug. [...] Man merkt es Augen und Mund an, daß sie schelmisch und verführerisch lächeln und stundenlang lustig erzählen können, und doch liegt ein leichter Hauch von Schwermut auf dem gütigen, sympathischen Gesicht [...].« (Hermann Uhde-Bernays) – Oben rechts: Carl Spitzweg, Clara Lechner, um 1835, Privatbesitz (WWV 140).

aus München verheiratet worden war, zu tief in die Augen gesehen, und wagte kühn, die ganzen Unerfreulichkeiten eines Ehescheidungsprozesses zu bestehen, um die Geliebte zu sich nehmen zu können. Wir wissen nicht, wie weit es Spitzweg gelungen war, die durch die religiösen Bestimmungen seiner Heirat mit Clara Raab entgegenstehenden Hindernisse zu entfernen, als der Tod sie ihm von der Seite riß. Durch diesen Verlust wurde der fröhliche Künstler völlig verwandelt. Er hielt ernstliche innere Einkehr, und wir erfahren, wie er nunmehr in stiller Ar-

beit Ersatz für das verlorene Glück suchte.« (So die anekdotische Erzählung von Uhde-Bernays, S. 37.) Ein Porträt um 1835 zeigt die Umworbene mit dunklen Augen und schwarzen Locken. Auf den adretten Spitzenkragen, auf dem eine himmelblaue Schleife prangt, fallen goldene Ohrgehänge, das schottische Umhängetuch mit bunten Fransen wird von einer Brosche zusammengehalten.
Anderen Affären geht der Maler von vornherein aus dem Weg, wie der zu Marie Malomotti, Tochter eines wohlhabenden Textilfabrikanten aus Ober-

italien (vgl. Wichmann, »Reisen …«, S. 59). Er hatte sie 1836 in Mailand kennen gelernt und 1837 noch einmal in Trient getroffen. Um sich ihrem – wie er selbst es empfand – »gefährlichen« Zauber zu entziehen, entwarf er von der zarten Biedermeier-Schönheit in einer Zeichnung die Zukunftsvisionen einer molligen Matrone und einer ausgezehrten Alten. Sie trugen dazu bei, ihn schlagartig »zu ernüchtern«, wie er seinem Bruder Eduard in einem Brief vom August 1837 anvertraute …

Ein Besuch am Rindermarkt

Das der häuslichen Idylle zugeneigte Biedermeier praktizierte seine kulturellen Aktivitäten bevorzugt im kleinen Rahmen: Lesen und Hausmusik, Konversation und Kränzchen aller Art zunehmend organisierte Veranstaltungen, und das Vereinswesen begann aufzublühen. Am wichtigsten jedoch war neben dem weiteren Freundeskreis – von der Geselligkeit unter Künstlern war ja bereits die Rede (s. S. 53) – der engere Kreis der eigenen Familie.

»Das Bild der biedermeierlichen Familie […] vereint eine das ganze Stufenalter des Lebens umfassende Gemeinschaft, deren jüngstes Mitglied das Baby im Arm der Mutter, deren ältestes der greise Großvater im Ohrenbackensessel ist. Obwohl der Hausherr

Carl Spitzweg, Marie Malomotti, *1837, Privatbesitz.*

stets mit der ihm gebührenden patriarchalischen Würde aus dem Kreise der Seinen herausgehoben wird, […] sind es doch die Kinder und die in Ehren ergrauten Alten, die das gemütvolle Klima bestimmen.« (Böhmer, S. 71 f.) Man fühlt sich unwillkürlich an das Szenario erinnert, das Carl Spitzweg im *Klavierspiel* von seiner eigenen (Stief-)Familie entwirft (vgl. Abb. S. 123).

In Ermangelung eines eigenen größeren Hausstandes wurde Carl Spitzweg die Großfamilie seines Bruders Eduard gleichsam zum Familienersatz, und er nahm dort nicht nur häufig die Mittagsmahlzeiten ein:

»Hin und wieder ging der alte Onkel hinüber nach dem Rindermarkt 5 zum Besuche der Familie seines Bruders, dann war das für die kleine Welt immer ein Freudenfest. In der unergründlichen Tiefe seiner Manteltaschen gab's immer etwas zu suchen und zu finden, süßes Naschwerk, ein kleines Spielzeug, einen bescheidenen Malkasten mit ein paar Wasserfarben, Abziehbilder, einen Bilderbogen zum Ausschneiden und dergleichen.«

Was ihm dort serviert wurde, wissen wir heute natürlich nicht mehr, doch können wir uns vorstellen, dass der gute Onkel im gastfreundlichen Hause seines Bruders nicht darben musste. Schließlich kannte man dort offensichtlich sogar das Lieblingsgericht des Hausarztes, der laut Siegfried Wichmann »im-

129

mer bei Laune gehalten werden mußte«: Es handelt sich hierbei um eine Art Nudelsuppeneinlage, die der Maler in seinen kulinarischen Dossiers an die jüngste Nichte Line, garniert mit der Zeichnung eines lachenden, sich wohlig den Bauch reibenden Gnoms, als »Dem Herrn Doctor Trautner seine Leib-Speise« (Abb. S. 133) für die Nachwelt festgehalten hat.

Einmal – vermutlich in den 1860-er Jahren – schenkt Spitzweg den Kindern seines Bruders zu Weihnachten sogar ein Kindertheater – eine Reminiszenz an jene Zeit, als er selbst in Straubing kleinere Rollen im dortigen Laientheater übernahm? Zumindest erinnern die Szenenbilder auch an seine eigenen Bildmotive:

»Unterm brennenden Lichterbaum stand ein richtiges *Kindertheater*. Den ganzen Reichtum seiner eigenen Liebe hatte der gute Onkel in diese kleine Welt des Scheins hineingezaubert: da war der Wald, die Bauernstube, der Marktplatz mit dem plätschernden Brunnen und den winkligen Seitengassen.

Immer sorgsam behütet von den wachenden Augen der Eltern, war diese kleine Wunderbühne plötzlich *gestohlen*; die Diebe haben wohl den Wert ihres Raubes nicht erkannt, und so sind wir um einen Schatz ärmer geworden. Nur ein auf Pappe gemalter Harlekin, ein Hampelmann ist noch erhalten und läßt, wenn man den Geist des Schöpfers heraufbeschwört, seine lustigen Beine zappeln wie ehedem ...«, schreibt Spitzwegs Großneffe Wilhelm später aus der Erinnerung an tradierte alte Familienanekdoten.

Gesprächsthema war sicherlich nicht selten auch der früh verstorbene Bruder: »War dann der Onkel von einem solchen Besuch beim Bruder Eduard abends wieder heimgekehrt, wurden im Dämmer des sinkenden Tages alte Erinnerungen wieder wach, besonders das Vaterhaus und der ältere Bruder Simon! Wie lange war's schon her, dass der in seinem unbezähmbaren, jugendlichen Abenteuerdrang Abschied genommen, um nie mehr heimzukehren. [...] Wie lebendig wußte er in seinen Briefen die bunte Welt des Orients zu schildern! Kein Wunder, dass der Maler, der niemals diese fremde Welt geschaut, wohl über ein Dutzend Mal mit dem Zeichenstift, mit dem Pinsel diesen seltsamen Zauber der Pfeifen rauchenden Araber, der Wasserkrüge tragenden Frauen in den Bazaren, Gewölben, Gassen in vollendeter Meisterschaft festhielt und damit dem Andenken Simons ein schönes Denkmal gesetzt hat.« (Wilhelm Spitzweg, S. 109)

Nur einmal scheint das gute Einvernehmen unter den Brüdern gestört gewesen zu sein, wie aus einem Brief Carls an Eduard vom 27. Januar 1850 hervorgeht: »[...] habe ich mich entschlossen, für die Zukunft Mittags dort wegzubleiben. Ich erbringe dieses Opfer gerne dem Hausfrieden zulieb und werde Euch wenn erlaubt zeitweise besuchen.« Carl hatte damals eine glühende Neigung zu seiner Schwägerin, Eduards zweiter Frau, gefasst, die diesem offensichtlich nicht verborgen blieb. Und sein »Opfer« zeigte Wirkung: Der Familienfrieden war bald wieder hergestellt, und Carl gewann wie so häufig aus einer unglücklichen Neigung neue künstlerische Energie: Er widmete Angelika seine »Ständchen«-Bilder. Dort erscheint sie immer wieder – kaum erkennbar – vor einem von warmem Licht erleuchteten Fenster – als Angebetete, denen ein Sängerchor seine Serenade darbringt.

Rechts: Carl Spitzweg, Die Serenade (Ausschnitt), um 1865, Privatbesitz (WWV 1557), eine Hommage an seine »Bruderinn« Angelika ...

Künstliche

Schild Kröten — Suppse

Potage en tortue

Man legt fleisch von der Schulter oder Knöchel eines
Kreuzes, auch abschnitzeln von dem Vorderteil des selben
nebst Überresten von frischen, weissem Kalbfleisch
Petersilien, Basilicum, und andern Gewürzen in einen
fleischtopf, und läßt durch das Rösten das fleisch von
Knochen ablösen. Ist die Brühe durch eine Serviette passirt
und mit Eiweiß geläutert worden so lasse man sie kochen und
auch langsam einkochen; nun gibt man wiederum mit
den Hälfte eines am Abend vorher abgebrühten, ausgebeinten
(désosser) in bleckblech gekochten u. in kleine Würfel geschnittenen kalbskopf dazu. In dem augenblick, wo

132

Dem Herrn Doctor Trautner
seine Leib-Speise.

Nimm 3 ℔ Mehl und mach einen Teig an
so wie man ihn zur geschnittenen Nudel zsgr.
macht u. schneide ihn auch so. Dann laß die
geschnittenen Nudeln 36 Stunden lang un-
bedeckt stehen. Dann nimm halb Milch und halb
Wasser und laß sie damit ein paar Mal
aufwallen. Dann richt sie an.

Schüh oder braune Kraftbrühe

Für etwa 5 l:

5 kg Kalbsknochen
5 kg Schweineknochen
5 kg Rinderknochen
5 kg Parüren (Haut und Sehnen, die vom Metzger abgeschnitten
und beim Kochen von Suppen beigegeben werden)
150 g magerer Speck
200 g Fett
500 g Wurzelgemüse (Sellerie, Karotten und Lauch),
gründlich gewaschen und in Würfel geschnitten
20 g Salz
2 Knoblauchzehen
10 zerdrückte Pfefferkörner
1 Lorbeerblatt
1 Petersilienwurzel
etwas Thymian

Die Knochen, Parüren und Speck werden in einem großen Topf mit dem Fett angebraten. Das Gemüse hinzufügen und alles braun rösten. Mit wenig Wasser ablöschen und einkochen. Dabei mehrmals durchrühren, bis alles glasiert ist. Erneut mit Wasser ablöschen und einkochen und diesen Vorgang 2–3 Mal wiederholen.
Die fertige Brühe abseihen und nach Bedarf entfetten. (Hierfür abkühlen lassen und das erstarrte Fett abschöpfen.)

Verwendung: als Basis für Suppen mit Einlage oder Aufgussflüssigkeit.

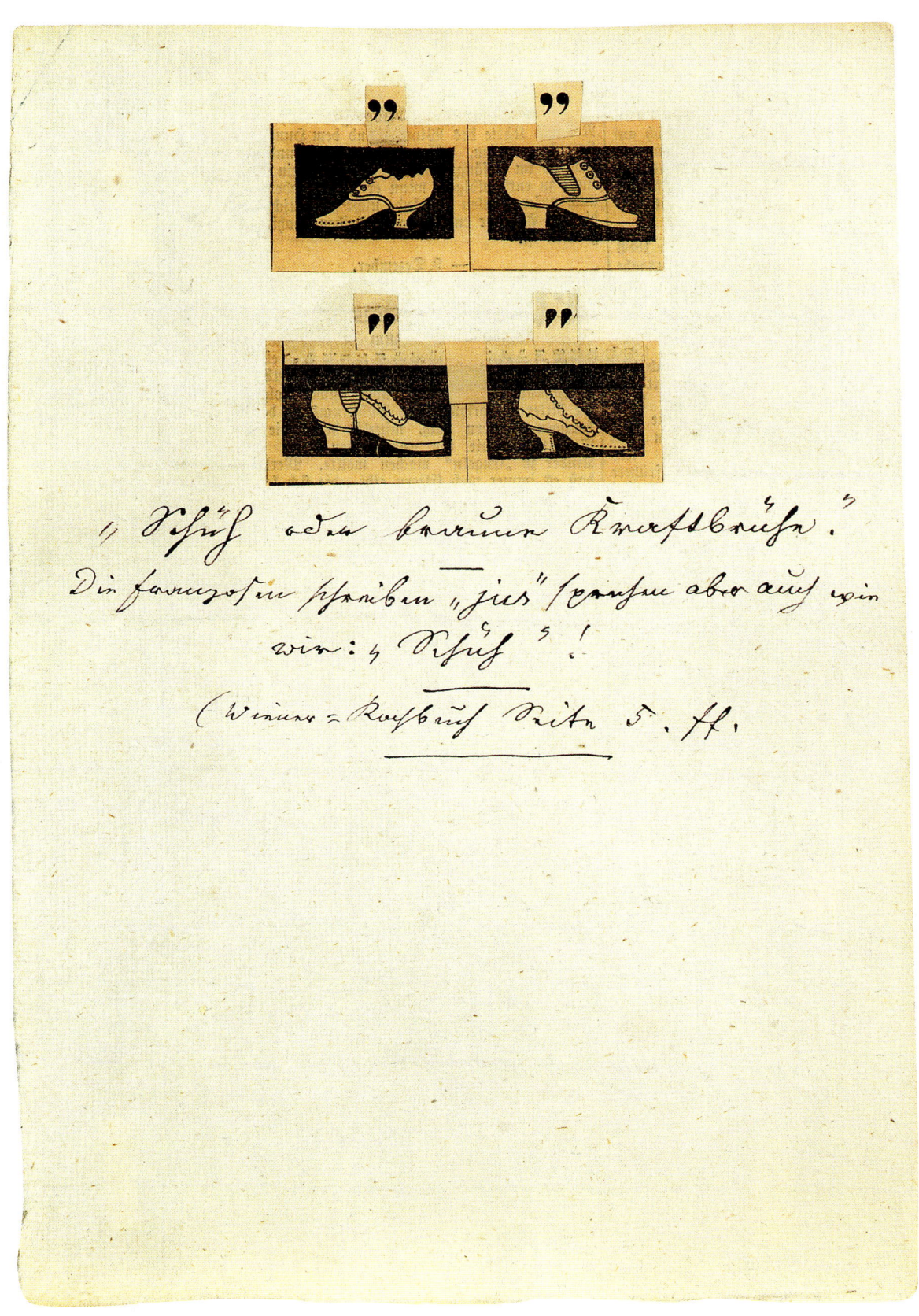

„Schuh oder deinen Knechtschuhn."

Die Franzosen schreiben „jus" sprechen aber auch so
wie: „Schuh"!

(Winnir - Kochbuch Seite 5. ff.

Olla Potrida

Dieses deftige Eintopfgericht, das auf Deutsch in etwa »Verfaulter Topf« bedeutet, hielt bereits im Mittelalter Einzug in europäische Küchen. Spitzweg, der selbst niemals in Spanien war, greift auf ein Rezept aus dem Kochbuch von Jean Neubauer (München 1774) zurück. Die unten vorgeschlagene Version ist eine Variante, die moderneren Ernährungskonventionen und Zubereitungsmethoden Rechnung trägt, so wurde das bei Neumann verwendete Hammelfleisch ganz weggelassen.

100 g Kichererbsen (12 Stunden eingeweicht)
$^1/_2$ Suppen- oder Brathuhn
2 gelbe Rüben (Karotten), grob gewürfelt
2 Stangen Lauch, in Scheiben
2 Zwiebeln, grob gewürfelt
500 g Weißkohl, in Stücke geschnitten
200 g gewürfelter Serrano-Schinken,
200 g gepökelter Schweinebauch
2 Knoblauchwürste
Salz · frisch gemahlener Pfeffer
1 fein gehackte Knoblauchzehe (je nach Geschmack)

Zum Servieren:
frisch geriebener Parmesan zum Bestreuen
frisches Weißbrot

Die Kichererbsen am Vortag in Wasser einweichen. Am nächsten Tag das Wasser abgießen. Die Erbsen in einem großen Topf mit dem halben Huhn in 2 l frischem Wasser aufsetzen und 90 Minuten simmern lassen.
Karotten, Lauch, Zwiebeln, Weißkohl in Stücken in den Topf geben, dazu die Schinkenwürfel, Schweinebauch und Knoblauchwürste. Weitere 40 Minuten köcheln lassen. Mit Salz, gemahlenem Pfeffer und Knoblauch abschmecken.

Man kann zunächst die Brühe servieren, anschließend das Fleisch und das Gemüse. Alternativ lässt sich das gekochte Fleisch auch in Stücke schneiden und die »Olla« als Eintopf auftragen. Auf Wunsch reicht man dazu Weißbrot und geriebenen Parmesan.

Olla potrida.

„ Eine Ollia zu machen, wie man es
„ in Welschland und Spanien macht.“

„ Man nimt ein Stück Rindfleisch, ein Stück
„ Hammelfleisch, ein Stück Kalbfleisch, ein Stück
„ Schinken oder ein geräuchert Rippenstück,
„ und ein Cervelatwurst, dieses alles setzt man zu
„ wie man eine Bouillon macht: wenn dieß alles
„ gut ist so nimt man das Fleisch heraus thut in
„ die Bouillon einen geschnittnen Speck mit

Buflamode (Bœuf à la mode)

Das aus Frankreich stammende »Bœuf à la mode« fand schon relativ früh Eingang in die Münchner Küche und wurde daher auch sprachlich »angepasst«.

$^1/_2$ kg Ochsenfleisch (Bug oder Rose)
$^1/_4$ Knolle Sellerie · 1 mittelgroße gelbe Rübe (Karotte)
1 Petersilienwurzel · $^1/_2$ Stange Lauch · Salz

Für die Beize:
$^3/_4$ l Wasser · 125–250 ml Essig
1 Zwiebel · 3 Pfefferkörner
2 Nelkenblüten · 4 Wacholderbeeren
1–2 Lorbeerblätter

Für die Einbrenne:
30 g Butterschmalz · 1 TL Zucker · 40 g Mehl
(auf Wunsch einen Teil des Mehls durch Saucenlebkuchen ersetzen)
$^1/_2$ l von der Beizbrühe (s. o.)

Zum Verfeinern:
etwas Sahne oder Rotwein

Aus den angegebenen Zutaten eine Beize herstellen und aufkochen. In die erkaltete Flüssigkeit das Fleisch legen, sodass es ganz davon bedeckt ist, und mindestens 3 Tage durchziehen lassen.

Die Flüssigkeit ohne das Fleisch mit dem Wurzelgemüse zum Kochen bringen, anschließend das Fleisch wieder hineingeben, maßvoll salzen und 1–1$^1/_2$ Std. sanft köcheln lassen.

Für die Einbrenne das Fett in einer großen Pfanne zerlassen, Zucker darin vorsichtig auflösen, bis er gelblich geworden ist, und das Mehl (eventuell auch Lebkuchen) hineingeben. Mit der Brühe aufgießen und etwa 10 Minuten kochen und etwas reduzieren lassen. Anschließend durch ein feines Sieb passieren und auf Wunsch mit Sahne oder Rotwein abschmecken. Das Fleisch in Scheiben schneiden und mit der Sauce anrichten.

Passende Beilagen: Kartoffeln oder Knödel aller Art (vgl. Rezept S. 110) sowie Blattsalate.

Bœuf à la mode. *Dieser anonyme Kupferstich, um 1830, nimmt den Rezepttitel einmal wörtlich … (Quelle: Böhmer, »Die Welt des Biedermeier«, S. 154)*

Hasenpfeffer

Für die Beize:
0,75 l kräftiger Rotwein
je 1 gelbe Rübe (Karotte) und große Zwiebel, fein gehackt
1 Lauchstange, fein geschnitten · $^1/_4$ Knolle Sellerie, in Würfel geschnitten
1–2 Knoblauchzehen, leicht zerdrückt
einige Wacholderbeeren · 1 TL schwarze Pfefferkörner, leicht zerdrückt
2 Lorbeerblätter · einige Salbeiblätter
mehrere Zweige Thymian und Rosmarin, grob zerkleinert
2 Scheiben unbehandelte Zitrone

1 Junghase oder Kaninchen, ca. 2 $^1/_2$ bis 3 kg, mit Blut, ausgenommen,
zerlegt und in große Stücke zerteilt
100 g Butter · etwas Weizenmehl zum Bestäuben und Anrühren
1 mittelgroße Zwiebel, fein gehackt · 100 g roher Schinken, fein geschnitten
3 EL Weinbrand, mit etwas Mehl verquirlt · Salz, frisch gemahlener Pfeffer

Die Zutaten für die Beize gründlich verrühren und die Hasenteile 2–4 Tage darin zugedeckt im Kühlschrank marinieren.

Die Fleischstücke aus der Beize nehmen, trocken tupfen und die Haut abziehen. (Flüssigkeit aufbewahren.) Butter in einem großen Topf zerlassen und die leicht mit Mehl bestäubten Hasenteile bei mittlerer Hitze von beiden Seiten anbraten. Herausnehmen und beiseite stellen. Bei reduzierter Temperatur Zwiebel- und Schinkelwürfel anbraten. Hasenteile samt Blut und Marinade in den Topf geben und bei aufgelegtem Deckel das Fleisch gar werden lassen (1 $^1/_2$–2 Stunden). Dabei darauf achten, dass es immer mit Flüssigkeit bedeckt ist.

Die Hasenteile aus dem Topf nehmen und die Sauce abseihen. Diese zusammen mit dem Fleisch in den Topf zurückgeben. Die Weinbrand-Mehl-Lösung einrühren und die Sauce noch einmal kurz aufkochen lassen. Zuletzt mit Salz und Pfeffer abschmecken.

Passende Beilagen: Knödel, Bandnudeln oder Spätzle. In Oberitalien, wo dieses Gericht als »Lepre in salmi« beliebt ist, serviert man zum Hasen auch gerne Polenta.

Same

„ Zerwirken Hirsch "

(P. Johan Willet „ Vollkommnes Kochbuch "
Carlsruhe 1846   P. 104   No 358)

der Hirsch wird gereinigt, dann werden neue Leber, Lunge u. Herz
herausb. u. schneidet den Kopf ab; dann löst man das Rückgrat
behutsam von dem Nieren bis an die Keulen aus, weil die Haut
von dem Keilern u. dem Rücken selbst, legt den Hirschen auf den
Rücken u. zieht die Haut zurück zwischen die Keulen,
dasselbe dieser dann mit dem Speise auf, wie eine Sache,
schneidet den Speise in der Hälfte, u. die Keulen über den
gem Gelenk ab; inwendig in die Haut füllt man nur farce
von Wildpret u. wickt sie zu, dann dasselbe man die Sachen
mit einer Dachsen Nadel zurück, füllt dann die breit Knochen

Roastbeef

1 bis 1,5 kg gut abgehangenes Roastbeef
Salz · frisch gemahlener Pfeffer aus der Mühle
etwas Senf (nach Wunsch)

30 g Butter · 70 g Butter, zerlassen
2 ganze Zwiebeln
4 EL Sauerrahm oder Crème fraîche (nach Wunsch)

Für die Sauce:
250–375 ml Fleischbrühe · 1 TL Mehl · etwas Sauerrahm
1 Schuss Madeira (nach Wunsch)

Das Fleisch kurz waschen oder mit einem feuchten Tuch abreiben, flach klopfen und häuten, die Sehnenhaut am Rand ein wenig einschneiden. Den Backofen auf 250 °C vorheizen. Kurz vor dem Braten das Roastbeef leicht salzen, pfeffern und auf Wunsch mit etwas Senf einreiben.

Die Butter in einem Bräter erhitzen. Das Fleisch mit den ganzen Zwiebeln dazu geben. Mit der zerlassenen Butter bestreichen und bei etwa 250 °C Hitze auf mittlerer Schiene in die Röhre schieben und braten. Dabei hin und wieder mit dem Fett begießen. Sobald das Fleisch Farbe angenommen hat, den Braten wenden, dabei vermeiden, ihn anzustechen. Unter mehrmaligem Begießen mit Fett weiter braten. Sollte das Fett dabei zu dunkel werden, abgießen und ein Stück frische Butter zugeben.

Die Bratzeit beträgt etwa 1 Stunde. Auf Wunsch 5 Minuten vor Ende das Fleisch mit Sauerrahm bestreichen und noch einmal kurz überbraten. Den Braten aus dem Rohr nehmen und etwa 10 Minuten auf einer Wärmeplatte ruhen lassen, damit später beim Tranchieren nicht zu viel Saft austritt.

Für die Sauce den Bratenfond mit etwas Brühe aufgießen, um den Bratensatz zu lösen, aufkochen und etwas reduzieren lassen. Anschließend mit wenig Mehl binden, durch ein Sieb geben und mit Rahm und ggf. Madeira abschmecken.

Das Fleisch mit einem scharfen Messer in gleichmäßige dünne Scheiben schneiden. Schuppenartig auf einer Platte anrichten und mit etwas heißer Sauce überziehen. Dazu passen Salz- oder Bratkartoffeln, Kartoffelpüree (vgl. Rezept S. 34), Gemüsegarnituren und/oder Blattsalate.
Kaltes Roastbeef schmeckt auch fein aufgeschnitten und mit Remouladensauce.

„Roſs = Bif"
(eigentlich)

rudmendsch heiſst man's auch zuweilen rost boeuf.

Zu dem Roſsbif nimmt man das Stück vom
ochſen, wo das filet (Lendenstück) von beir
der Auſsenseite bis zur Niere; das filet
muſs nebst dem fett daranbleiben. Man
bratet ihn am Spieſs, nachdem er groſs iſt
in 2 — 3 Stunden gahr; sonst bratet man ihn
im Ofen bei etwas groſser Hitze in einem blechen
mit butter u. ein paar Zwiebeln. Beim Anrichten
gibt man etwas kurz eingekochten Jus zur Sauce

Hirschmedaillons mit Holundersauce und Äpfeln

Für die Calvados-Äpfel:
250 g Äpfel (gewaschen und geachtelt,
mit Schale, jedoch ohne Kerngehäuse)
2 EL Sonnenblumenkerne
etwas Butter
2 EL Calvados (franz. Apfelbranntwein)

Für die Medaillons:
600 g Hirschmedaillons
2 El Butterschmalz
4 EL Holunderbeeren
250 g Sauerrahm
Salz
frisch gemahlener Pfeffer aus der Mühle

Die geachtelten Äpfel in feine Scheiben schneiden. In einer Pfanne die Sonnenblumenkerne mit wenig Butter anrösten. Die Apfelscheiben dazugeben und für kurze Zeit mitdünsten. Anschließend mit dem Calvados ablöschen und die Apfelscheiben warm stellen.

In einer zweiten Pfanne das Butterschmalz erhitzen und die Medaillons auf beiden Seiten anbraten (jeweils 1–2 Minuten). Anschließend aus der Pfanne nehmen und ebenfalls warm stellen. (Dabei austretenden Fleischsaft auffangen.)
Die Holunderbeeren mit dem Bratenfond vermischen, mit Rahm ablöschen, den Fleischsaft dazugeben und mit Salz und Pfeffer abschmecken.

Die Medaillons auf vorgewärmten Tellern mit Sauce und Äpfeln anrichten.

Roth-Wild.

Grießknödel mit Huhn

1 l Milch
etwas Salz
ca. 350 g grober Grieß
3 Eier
etwas frisch geriebene Muskatnuss
100 g gekochtes, fein gehacktes Hühnerfleisch
50 g geriebener Parmesan

Zum Kochen:
Salzwasser

Zum Anrichten:
etwas geschmolzene Butter
geröstete Zwiebelringe (nach Belieben)

In einem Topf die Milch aufkochen und leicht salzen. Den Grieß einrühren und ca. 10 Minuten kochen, bis sich ein steifer Brei ergibt, der sich vom Topfboden löst. Anschließend etwas abkühlen lassen. Nach und nach die Eier unterrühren, je nach Wunsch mit etwas Muskat würzen und weiter abkühlen lassen.

Das Salzwasser zum Kochen bringen. In der Zwischenzeit aus der Grießmasse gleichmäßige kleine Knödel formen, in deren Mitte etwa 1 TL gehacktes Hühnerfleisch und etwas Parmesan gedrückt wird. 10–15 Minuten im siedenden Salzwasser gar ziehen lassen und mit einem Seihlöffel herausheben. Gut abtropfen lassen und auf einer heißen Platte mit zerlassener Butter (auf Wunsch auch Zwiebelringen) anrichten. Dazu passen grüne Salate oder Tomatensalat.

Alternative: Die zerlassene Butter durch Kräuter- oder Käsesauce ersetzen.

Gries-Knödl

1 Maßspeise à la Munic "Junius.
V 171.

Zu der gewöhnlichen Masse d Knödl kömmt noch etwas
gekochtes u. gehacktes Hühnerfleisch, mehr Käse, mehr
Eier u. zwar diese in Dotter u. das Weiße als
Schaum. Man bringt die Masse auf einen bestrichenen
blechnen Gefäß, sticht sie mit einem Ausstecher in
runden Stücken aus oder schneidet sie beliebig
um die vielen Abfälle zu vermeiden. Wenn
die gekochten Griesknödl in die Suppe gethan
werden, so gibt man diese besonders dazu.

Kaltschale.

Vorarbörnische Kaltschale.

Man nimmt Zucker worauf das Gelbe einer Zitrone abgerieben nebst Zimmt, aufgekochten Korinthen, dem Saft einer Zitrone. Dann nimmt man halb Wein und halb süsse Milch, rührt beides nebst etwas Wasser gut durcheinander und schüttet es über das geriebene Weissbrod und Gewürz.

Herrliches Mittel bei verkrüstetem Magen!

Paderbörnische Kaltschale

50 g Zucker
abgeriebene Schale und Saft von 1 unbehandelten Zitrone
$^1/_2$ TL Zimt
1 EL Korinthen, mit kochendem Wasser übergossen
mehrere Scheiben altes Weißbrot
250 ml dunkles Bier
250 ml Vollmilch
etwas Sahne

Den Zucker mit Zitronensaft und -schale, Zimt und Korinthen mischen und auf das Weißbrot geben. Bier mit Milch und Sahne gut verrühren und darüber gießen.

Von Spitzweg selbst als »Herrliches Mittel bei verstauchtem Magen!« empfohlen, handelt es sich hier um ein äußerst gehaltvolles Gericht, das nicht nur als Dessert dienen kann, sondern im Sommer sogar eine komplette Mahlzeit ersetzt.

Seite 150/151: Carl Spitzweg, Mondscheinlandschaft, um 1832, Privatbesitz (WWV 19). Das Bild aus Spitzwegs Frühzeit spiegelt den Einfluss der phantastischen Erzählkunst des Romantikers E.T.A. Hoffmann, etwa in dessen Roman »Die Lebensansichten des Katers Murr ...« (1821): Auf dem Giebel des Hauses im Vordergrund sitzt der schwarze Kater Murr, rechts davor der »spießige« Pudel Ponto ...

Biografische Daten

1808

Am 5. Februar in München Geburt und Taufe von Franz Carl Spitzweg, zweiter Sohn des Spezereikaufmanns Simon Spitzweg (1776–1828) und dessen Gattin Franziska geb. Schmutzer (1783–1818). Sein Taufpate ist der »ehr- und tugendsame Bürger und Branntweiner Franz Xaver Lauterer, der so genannte ›Schuhbauernbrenner‹ vom Promenadeplatz«. Die wohlhabende »Obstlerfamilie« der Mutter betreibt einen florierenden Früchtegroßhandel in der Neuhauser Gasse, den diese und ihre Schwester später erben.

Carl Spitzweg, Die Großmutter Franziska Schmutzer, *um 1830, Privatbesitz (WWV 1).*

1811

Am 20. April Geburt von Carls Bruder Eduard (gest. 1884).

1818/19

1818 wird der Vater Simon Spitzweg als Vertreter der Stadt München zum Landtagsabgeordneten gewählt. Am 7. Mai 1818 Tod der Mutter Franziska. Nach Ablauf des Trauerjahres heiratet Simon Spitzweg Kreszentia Schmutzer, die Schwester der Verstorbenen.

1820–1825

Besuch des humanistischen Wilhelms-Gymnasiums.

1825

Erste pharmazeutische Praxis erhält der von seinem Vater zum Apotheker bestimmte Carl in der Königlich Bayerischen Hofapotheke des Medizinalassessors Dr. Franz Xaver Pettenkofer, wo er eine dreijährige Ausbildung durchläuft. Hier muss er im »offizinellen Quadrivium hantieren, hatte den Stößel und den Mörser unter sich, drehte Pillen, strich Pflaster, schrieb Signaturen auf Tiegel, Flaschen und Büchsen, etikettierte Gläser und Schächtelein, aber zeichnete nebenbei die ihn interessierenden Kunden [...]«. (Uhde-Bernays)

1828

Überraschender Tod des Vaters. Der ältere Bruder Simon (geb. 1805) hat zu dieser Zeit eine Handelsposition in Ägypten inne.

1829

Der Tod Simons, der in Kairo der Pest erliegt, beraubt das väterliche Geschäft des designierten Nachfolgers.

Carl avanciert zum Provisor in der Löwenapotheke in Straubing, wo er sich zudem im dortigen Laientheater engagiert und das Pianoforte spielt. Mit seinem Chef, dem Apotheker Franz Xaver Attenhauser, kommt es jedoch noch im selben Jahr zum Bruch. Carl kehrt nach München zurück und beginnt ein Studium an der Universität, das er 1832 abschließt. Er belegt die Fächer Pharmazie, Botanik und Chemie, Physik und Zoologie.

Eduard wird nicht wie geplant Arzt, sondern tritt – in Nachfolge des verstorbenen Bruders – in ein befreundetes Handelshaus in Triest ein, um dort die Grundlagen des Kaufmannswesens zu erlernen. Eine gefährliche Erkrankung Eduards veranlasst Carl zu einer Reise nach Triest über Venedig.

1831
Die Stiefmutter Kreszentia sichert den Fortbestand der Spitzwegschen Firma durch Heirat mit dem Kaufmann Hermann Neunerdt. Die Stiefsöhne erhalten eine großzügige Abfindung aus dem väterlichen Erbe, die ihnen wirtschaftliche Unabhängigkeit ermöglicht. Ihr nicht unbeträchtliches Vermögen verwaltet zunächst der Stiefvater, der regelmäßig über die »compars zum Incasso« Bericht ablegt.

Ein Osterurlaub in Straubing bringt Spitzweg in Kontakt mit Münchner Künstlern.

1832
Beendigung des Studiums »zur dreyfachen Prüfung als praktischer Apotheker [...] in den Fächern Pharmazie, Botanik und Chemie« mit der Note »ausgezeichnet«. Als Belohnung gönnt Spitzweg sich eine Italienreise, auf der zahlreiche Skizzen entstehen: Venedig, Padua, Bologna, Florenz, Rom bis Neapel und Amalfi, Rückreise über Trient und Brixen.

Carl wohnt noch im elterlichen Haus in der Eisenmannstraße, »aber jetzt bei der Großmutter, und nicht mehr oben in Nr. 1110«.

1833
Im Juni Umzug in eine eigene Wohnung in der Dienerstraße 9, der die endgültige Lösung der von der Stieffamilie dokumentiert.

Erkrankung an der roten Ruhr mit anschließendem Kuraufenthalt in Bad Sulz am Peißenberg. Die Begegnung mit dem Maler Christian Heinrich Hansonn (1790–1863) bestärkt ihn darin, selbst Maler zu werden. Da er für einen Akademiebesuch zu alt ist, beschließt er sich autodidaktisch weiterzubilden.

1834
Zweite Reise nach Venedig. Spitzweg skizziert häufig im Gebirge.

1835
Mitgliedschaft im Münchner Kunstverein (gegründet 1823), zu dessen Ausstellungen Spitzweg seine Bilder schickt: die zunächst einzige Möglichkeit für einen jungen, begabten Maler, mit seinen Werken an die Öffentlichkeit zu treten.

Umzug in eine Wohnung am Sebastiansplatz 3.

1836
Flucht vor der Cholera in die Mühle von Gern. Wanderungen im Oberland und Aufenthalte in Berchtesgaden und im Salzburger Land. Weiterreise nach Linz und Wien, wo er seinen Bruder Eduard trifft.

1837/38
Eduard Spitzweg erwirbt 1837 eine Musikalienhandlung in München und heiratet im Jahr darauf die Pianistin Anna Moralt (1812–1844).

Im Herbst 1838 Reise nach Franken.

1839
Ablehnung des »Armen Poeten«, der als Dichterkarikatur eine in der Romantik »weithin anerkannte Idealvorstellung« (Jensen) parodiert, durch den Münchner Kunstverein – für den Maler ein Trauma, das ihn bis ins Alter verfolgen wird.

Mehrere Reisen, u. a. nach Dalmatien.

1840–1842
Weitere Reisen, u. a. nach Venedig und Verona (1840); Aufenthalte in der Schweiz und am Bodensee (1841), in Oberaudorf, Österreich und Venetien (1842).

Im Mai 1842 Umzug in eine neue Wohnung in der Pfand-hausgasse 3.

1843
Zürich-Reise mit seinem Bruder Eduard.

1844
Treffen mit Bernhard Stange und Eduard Schleich d. Ä. (1812–1874) in Partenkirchen. Fußwanderung nach Bozen und Meran.
Beginn der Mitarbeit an der von Kaspar Braun in München gegründeten Zeitschrift »Fliegende Blätter« (bis 1852).

1845
Studienfahrt mit Eduard Schleich »vom bayerischen Meer zur Adria«: Oberbayern, Tirol, Venedig.

1846
Reisen mit Stange und Schleich: u. a. Innsbruck, Bozen, Meran, Trient, Venedig.

1847
Die Begegnung mit dem romantischen Maler Moritz von Schwind in der »Münchner Liedertafel« schlägt sich besonders in Spitzwegs Nachtlandschaften nieder. Schwind besucht Spitzweg später häufig in seinem Atelier, beide Künstler verbindet nicht zuletzt die gemeinsame Ablehnung des neuen Akademiedirektors Wilhelm von Kaulbach (ab 1849).

1848
Herausgabe der »Wachstubenfliegen«, einer satirischen Zeitschrift, und Mitgliedschaft im Münchner Künstler-Freicorps.

1849
Sommeraufenthalt in Pommersfelden bei Bamberg, um mit Eduard Schleich in der Schönbornschen Sammlung Bilder älterer und neuerer Meister zu kopieren.
Anregende Kunstreisen führen ihn u. a. nach Böhmen, Eger, Karlsbad, Prag. Bekanntschaft mit dortigen Künstlerkollegen.

1850
Letzter Venedig-Aufenthalt (mit Eduard Schleich).

1851
Studienreise zur Exposition Internationale 1851 in Paris mit Eduard Spitzweg und Eduard Schleich. Besuch der Künstlerkolonie von Barbizon. Weiterreise ohne seinen Bruder zur Weltausstellung in London; Rückfahrt über Brüssel, Antwerpen, Lüttich, Frankfurt und Heidelberg nach München.

1852/53
Spitzweg beendet seine Mitarbeit an den von der Zensur verfolgten »Fliegenden Blättern«.
Erneuter Aufenthalt in Pommersfelden zum Kopieren von Gemälden, im Folgejahr mit Schleich und Dietrich Langko (1819–1896).
1853 wird in München die Neue Pinakothek eröffnet.

1854/55
Wanderungen in Oberbayern und Reise nach Pommersfelden (1855).

1856
Neben Aufenthalten in Oberbayern (u. a. Starnberg, Ettal, Murnau, Oberammergau) Studienreise mit Eduard Schleich nach Leipzig, Dresden und Berlin.

1857
Mit Schleich in Pommersfelden.

1858
Umzug in die Neuhauser Gasse 11/2.
Reisen über Seeshaupt und Dinkelsbühl nach Rothenburg und Nördlingen. Skizziert in Schliersee und Seeshaupt.

1860
In Sulzbach – auf Motivsuche für seine Kleinstadtbilder.

1862
Begegnung mit Ferdinand Georg Waldmüller (1793 bis 1865) auf einer Wienreise.

1863

Umzug an den Münchner Heumarkt Nr. 3 (heute St.-Jakobsplatz), wo Spitzweg jedoch erst 1875 vom Rat der Stadt das endgültige Wohnrecht erhält. Die wichtigsten Beschäftigungen seines Alters werden Malen, Dichten, Klavierspielen und Lesen.

1865

Auszeichnung mit dem bayerischen Michaelsorden.
Eine schmerzhafte Venenentzündung hindert Spitzweg daran, in den Bergen zu wandern und zu skizzieren.

1867

Vier Spitzweg-Gemälde aus der Sammlung des Grafen Schack finden große Beachtung auf der Pariser Weltausstellung.
Reise durch Tirol bis Bozen.

1868

Der einstige Autodidakt erhält die Ehrenmitgliedschaft der Münchner Akademie der bildenden Künste.

1869

Teilnahme an der Internationalen Kunstausstellung im Münchner Glaspalast, zusammengestellt von Eduard Schleich, Präsident des Kunstvereins und Spitzwegs Malerfreund. Die Ausstellungsleitung erwirbt ein Bild von Spitzweg zum Zwecke der Verlosung.

1871

Tod des Malerfreundes Moritz von Schwind.

1873/74

Sommeraufenthalt in Benediktbeuern. Beginn einer zweijährigen Cholera-Epidemie, die zahlreiche Opfer fordert, darunter auch Eduard Schleich (am 8. 1. 1884).

1875

Spitzweg erhält nach langer Wartezeit das Wohnrecht am Heumarkt vom Magistrat der Stadt München offiziell bestätigt.
Mitglied der Central-Gemälde-Commission in München (bis 1881).

1879

Teilnahme an der Internationalen Kunstausstellung in München.

1884

Tod des Bruders Eduard.

1885

Am 23. September nachmittags um 16 Uhr – es ist gerade die Zeit des Oktoberfestes – stirbt Spitzweg an einem Schlaganfall. Anwesend sind zwei Freunde: der Komponist und Kammermusikdirektor Franz Lachner (1803 bis 1890) und der Maler Eduard Grützner (1846–1925). Die Beisetzung findet zwei Tage später im Spitzwegschen Familiengrab auf dem Münchner Südfriedhof statt.

»Er hat zwei Kunststücke fertiggebracht, die Niemand sonst leicht gelingen: berühmt zu werden, ohne Neid zu erregen und mit 77 Jahren naiv und originell in Allem und Jedem zu bleiben, ohne es jemals sein zu wollen.«

(Friedrich Pecht über Carl Spitzweg)

Carl Spitzweg, Brunnen mit Wegkreuz, *Aquarell über Bleistift, um 1865, Privatbesitz (WWV 978).*

Übersicht der Rezeptblätter

(nach Wichmann, »Die Leibgerichte ...«, München 1962, WWV 1623–1652)

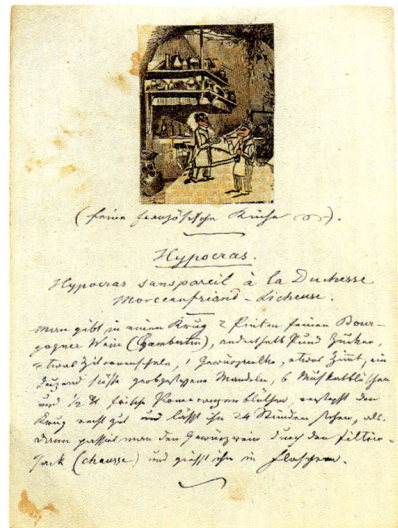

1

Collage, 73 x 54 mm
Inv.-Nr. MGS 188-B, 1

(feine französische Küche)

Hypocras

Hypocras sanspareil à la Duchesse
Morceaufriand-Licheuse

Man gibt in einen Krug 2 Pinten feinen Bour-
gogner Wein (Chambertin), anderthalb P[f]und Zucker,
etwas Zitronenschale, 1 Gewürznelke, etwas Zimmt, ein
Du[t]zend süsse grobgestossene Mandeln, 6 Muskatblüthen
und 1/2 Pd frische Pomeranzenblüten, verstopft den
Krug recht gut und lässt ihn 24 Stunden stehen, als
dann passiert man den Gewürzwein durch den Filtri[e]r-
sack (chausse) und gießt ihn in Flaschen.

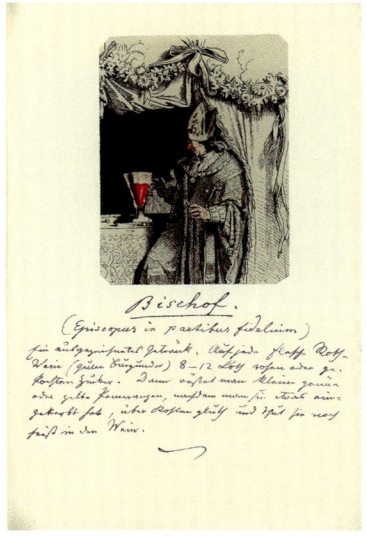

2

Collage, 109 x 82 mm
Inv.-Nr. MGS 188-B, 2

Bischof

[Gewürzwein]

(Episcopus in partibus fidelium)

Ein ausgezeichnetes Getränk. Auf jede Flasche Roth-
Wein (guter Burgunder) 8–12 Loth rohen oder gekochten Zucker. Dann röstet man kleine grüne
oder gelbe Pomeranzen, nachdem man sie etwas eingekerbt hat, über Kohlengluth und thut sie noch
heiß in den Wein.

(Abb. S. 43)

156

3

Collage, 53 x 54 mm
Inv.-Nr. MGS 188-B, 3

[Darstellung eines Säuglings, der gefüttert wird]

[ohne Text]

4

Collage, 113 x 156 mm
Inv.-Nr. MGS 188-B, 4

Wurzel Suppe
Crecy

Man bereitet sie von Mohrrüben u. weissen Rüben zu
gleichen Theilen und Porree. Bei dem Dünsten des Wurzel-
werk ist das Hinzufügen von einem Stück mageren
Speckes [durchgestrichen] Schinkens von Erfolg. Die Crecysuppe hat
nebst einem glattseimigen Wesen ein rothbräunliches
Äussere und einen lieblich-kräftigen Geschmack, welcher
durch Enten und Gänsebrühe, überhaupt die Brühe von
zahmem u. wildem Geflügel noch mehr gehoben
wird, auch kocht man öfters Reis in der Suppe.

(Abb. S. 85)

5

109 x 133 mm
Inv.-Nr. MGS 188-B, 5

Olla potrida

»Eine Ollia [sic!] zu machen, wie man es
in Welschland und Spanien macht.«

Man nimmt nur ein Stück Rindfleisch, ein Stück
Hammelfleisch, ein Stück Kalbfleisch, ein Stück
Schunken oder ein schweinernes Ribbenstück,
und eine Cervelatwurst, dieses alles setzt man zu
wie man eine Bouillion [sic!] macht: wenn dieß alles
lind ist so nimmt man das Fleisch heraus thut in
die Bouillon einen gestossen Speck mit
[…].
(aus Herrn [durchgestrichen] Mr. Neubauer
»allerneuestes Kochbuch«,
München 1774 im Verlag bei. Joh. Nep. Fritz.)

(Abb. S. 137)

6

Collagen, jeweils 32 x 67 mm
Inv.-Nr. MGS 188-B, 6

»Schüh oder braune Kraftbrühe«

Die Franzosen schreiben »jus«
sprechen aber wie wir »Schüh«!

(Wiener-Kochbuch Seite 5. ff.)

(Abb. S. 135)

7

Collage, ca. 98 x 114 mm
Inv.-Nr. MGS 188-B, 7

8

Collage, 99 x 122 mm
Inv.-Nr. MGS 188-B, 8

Künstliche
Schildkröten - Suppe
Potage en tortue

Kalteschale
Paderbörnische Kalteschale

Man legt Fleisch von der Schulter oder Keule eines
Hammels, auch Abschnitzeln von dem Vordertheile desselben
nebst Überresten von Fischen, weissem Kalbfleisch
Petersilie, Basilikum, und andere Gewürze in einen
Fleischtopf, und lässt durch den Sud das Fleisch vom
Knochen ablösen. Ist die Suppe durch eine Serviette passi[e]rt
u. mit Eiweiß geläutert worden so lasse man sie kochen und
auch langsam einkochen; nun gibt man Made[i]rawein und
die Hälfte eines am Abend vorher abgebrühten, ausgebeinten
(désosser) im Blankett gekochten u. in kleine Stücke zer-
schnittenen Kalbskopf hinzu. In dem Augenblick, wo
[…]

(»der wahre Pariser Koch« von St. Martin)

(Abb. S. 132)

Man nimmt Zucker worauf das Gelbe einer Zitrone
abgerieben nebst Zimmt, aufgekochten Korinthen,
den Saft einer Zitrone. Dann nimmt man halb
Bier und halb süße Milch, rührt beides nebst
etwas Rahm gut durcheinander und schüttet es
über das geriebene Weißbrot und Gewürz

Herrliches Mittel bei verstauchtem Magen!

(Abb. S. 148)

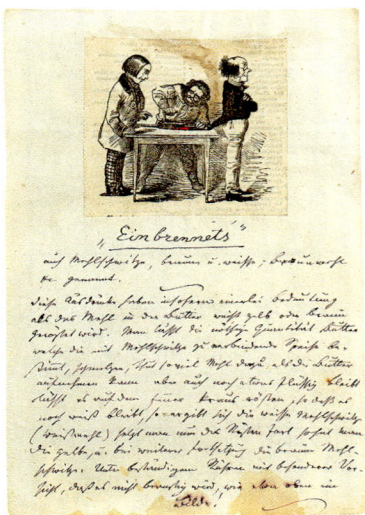

9

Collage, 76 x 88 mm
Inv.-Nr. MGS 188-B, 9

»Einbrennet's«

auch Mehlschwitze, braune u. weisse; Braunmehl
etc. genannt

Diese Ausdrücke haben insofern keinerlei Bedeutung
als das Mehl in der Butter weiß gelb oder braun
geröstet wird. Man lässt die nöthige Quantität Butter
welche die mit Mehlschwitze zu verbindende Speise bestimmt, schmelzen, thut soviel Mehl dazu als die Butter
aufnehmen kann aber auch noch etwas flüssig bleibt
lässt es auf dem Feuer kraus rösten, so dass es
noch weiß bleibt, so ergibt sich die weiße Mehlschwitze
(Weißmehl) setzt man nun das Rösten fort sohat man
die gelbe, u. bei weiterer Fortsetzung die braune Mehlschwitze. Unter beständigem Rühren mit besonderer Vorsicht, dass
es nicht branstig wird, wie etwa oben im
Bilde.

(Abb. S. 59)

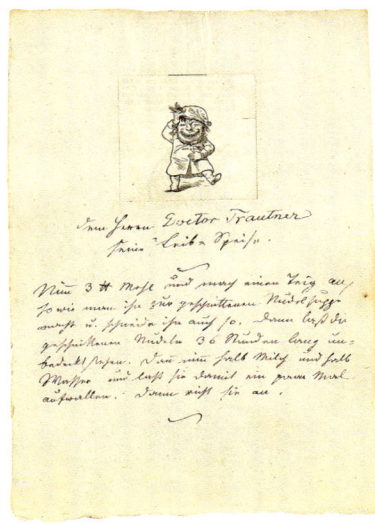

10

Collage, 53 x 58 mm
Inv.-Nr. MGS 188-B, 10

Dem Herrn Doctor Trautner
seine Leib-Speise

Nimm 3 Pd Mehl und mach einen Teig an,
so wie man ihn zur geschnittenen Nudelsuppe
macht u. schneide ihn auch so. Dann laß die
geschnittenen Nudeln 36 Stunden lang un-
bedeckt stehen. Dann nimm halb Milch und halb
Wasser und laß sie damit ein paar Mal
aufwallen. Dann richt sie an.

(Abb. S. 133)

11

Collage, ca. 65 x 132 mm
Inv.-Nr. MGS 188-B, 11

Einlauf-Suppe

Auf einen starken Köchlöffel voll Mehl
wird 1 Ei gerechnet. Das Mehl wird mit den
Eiern je eines nach dem andern gut anhaltend
gerührt, dass es glatten und flüssigen Teig
gibt; so träufelt man ihn mit dem Koch-
Löffel in eine weisse oder braune gesalzene
Suppe unter fortwährendem Sude ein, und
Lässt es gut verkochen. Man nehme sich vor
Dem Dickwerden in Acht!

(Abb. S. 61)

12

Collage, 75 x 110 mm
Inv.-Nr. MGS 188-B, 12

Gries-Knödel

»Mehlspeise à la Munic« Jungius
S. 171

In die gewöhnliche Masse der Knödl kommt noch etwas
gekochtes und gehacktes Hühnerfleisch, mehr Käse, mehr
Eier u. zwar diese in Dottern u. das Weisse als
Schnee. Man backt die Masse auf einem bestrichenen
flachen Geschirr, sticht sie mit einem Ausstecher in
runden Stücken aus oder schneidet sie beliebig,
um die vielen Abfälle zu vermeiden. Wenn
die gekochten Griesknödl in die Suppe gethan
werden, so gibt man diese besonders dazu.

(Abb. S. 147)

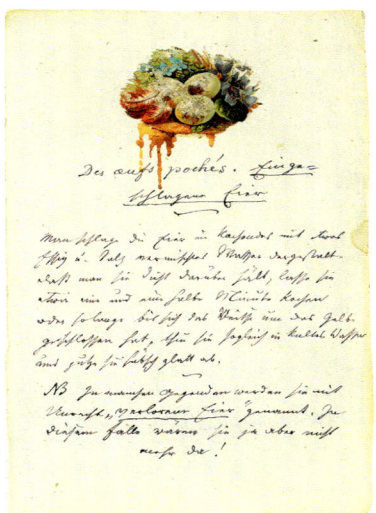

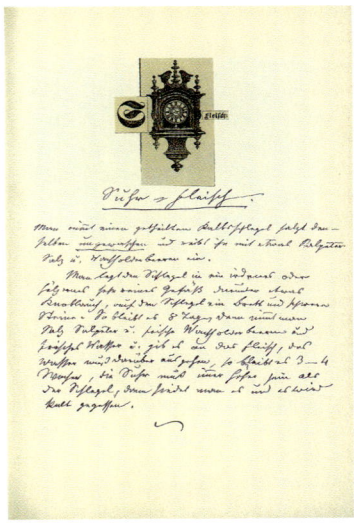

13

Oblate, 37 x 62 mm
Inv.-Nr. MGS 188-B, 13

14

Oblate, 56 x 153 mm
Inv.-Nr. MGS 188-B, 14

Des œufs pochés. Eingeschlagene Eier

Man schlage die Eier in kochendes mit etwas
Essig u. Salz vermischtes Wasser dergestalt
daß man sie dicht darüber hält, lasse sie
etwa eine und eine halbe Minute kochen
oder so lange bis sich das Weisse um das gelb
geschlossen hat, thue sie sogleich in kaltes Wasser
und putze sie hübsch glatt ab.

NB In manchen Gegenden werden sie mit
Unrecht »verlorene Eier« genannt. In
diesem Falle wären sie ja aber nicht
mehr da!

(Abb. S. 63)

Suhr-Fleisch

Man nimmt einen getheilten Kalbsschlegel salzt den-
selben ungewaschen und reibt ihn mit etwas Salpeter
Salz u. Wacholderbeeren ein.

Man legt den Schlegel in ein irdenes oder
hölzernes sehr reines Gefäß darunter etwas
Knoblauch, auf den Schlegel ein Brett und schwere
Steine. So bleibt es 8 Tage, dann nimmt man
Salz Salpeter u. frische Wacholderbeeren und
frisches Wasser u. gib[t] es an das Fleisch, das
Wasser muß darüber ausgehen, so bleibt es 3–4
Wochen, die Suhr muß immer höher sein als
der Schlegel, dann siedet man es und es wird
kalt gegessen.

(Abb. S. 67)

162

15

Collage, 102 x 70 mm
Inv.-Nr. MGS 188-B, 15

Tête de veau en tortue à la Maître d'hôtel

Man nimmt die Überreste eines am Abend vorher gekochten
Kalbskopfes und ordnet sie auf die Schüssel. Nun lässt
man Champignons, Kämme, Nieren von Hühnern und
Hahnen und Kalbsdrüsen in Butter anlaufen, gibt etwas Mehl
hinzu, benetzt es mit dem Sud, worin der gefüllte Kopf gekocht hatte oder mit Suppe und 2 Gläser voll Madeira-Wein;
auch fügt man Salz und Pfeffer hinzu, lässt dieß einkochen,
gibt quenelles von Kalbfleisch, eingemachte Gurken, harte
Eidotter u. das in Stücke geschnittene Eiweis dazu. Ist
die Sauce eingekocht und gebunden, gießt man sie auf die
Stücke vom Kopf, die Schüssel muß recht heiß gehalten werden.

(Abb. S. 65)

16

Collage, 82 x 81 mm
Inv.-Nr. MGS 188-B, 16

»*Rohs-Bif*«

(bayerisch)
anderwärts heißt man's auch zuweilen rost boeuf

Zu dem Roßbif nimmt man das Stück vom
Ochsen, wo das Filet (Lendenstück) am Bein
den Anfang nimmt bis zur Niere; das Filet
muß nebst dem Fett daranbleiben. Man
bratet ihn am Spieß, nachdem er groß ist
in 2–3 Stunden gar: sonst bratet man ihn
im Ofen bei etwas großer Hitze in einem Bleche
mit Butter u. ein paar Zwiebeln. Beim Anrichten
gibt man etwas kurz eingekochte Jus zur Sauce.

(Abb. S. 143)

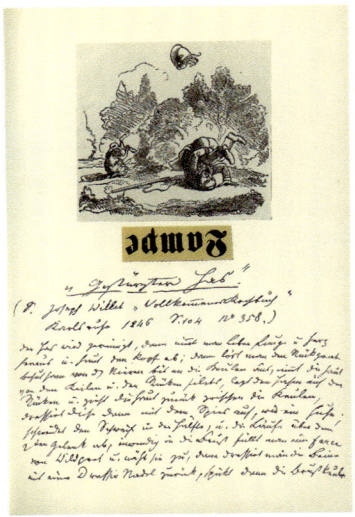

17

Collage, 99 x 101 mm
Inv.-Nr. MGS 188-B, 17

Roth-Wild

[ohne Text; zur Illustration vgl. S. 32 und 145]

18

Collage, 100 x 88 mm
Inv.-Nr. MGS 188-B, 18

»Gestürzter Has«

(S. Joseph Willet »Vollkommenes Kochbuch«
Karlsruhe 1846 S. 104 N° 358.)

Der Has wird gereinigt, dann nimmt man die Leber, Lunge und Herz
heraus u. haut den Kopf ab; dann löst man den Rückgrat
behutsam von den Nieren bis an die Keulen aus, nimmt die Haut
von den Keilen u. den Rücken Filets, legt den Hasen auf den
Rücken u. zieht die Haut zurück zwischen die Keulen,
dressiert diese dann mit dem Spies auf, wie ein Huhn;
schneidet den Schweif in die Hälfte, u. die Läufe über dem
2ten Gelenk ab; inwendig in die Brust füllt man eine Farce
von Wildpret u. näht sie zu, dann dressiert man die Beine
mit einer Dressier Nadel zurück, spickt dann die Brustkeule
[…]

(Abb. S. 141)

19

Collage, 82 x 95 mm
Inv.-Nr. MGS 188-B, 19

Schwarz-Wild

[ohne Text; zur Illustration vgl. S. 92 und 109]

20

Collage, 46 x 115 mm
Inv.-Nr. MGS 188-B, 20

Trilli! Trilli! Trilli!
Leipziger Lerchen
Gebackene

Man stecke die Lerchen, wenn sie gehörig ge-
säubert und ausgenommen worden sind, an einen
kleinen eisernen Spies, und lege allemal zwischen
zwei Lerchen ein Stückchen frischen Speck, bestreue sie mit Semmelbröseln, Mehl, Ingwer, Pfeffer
und Salz, welches alles gut untereinander gemischt
worden sein muß, beträufle sie mit Butter, damit
sie saftig bleiben, röste vor dem Anrichten noch
Semmelbröseln in Butter schön gelb, und bestreue sie
angerichtet damit.

(Abb. S. 107)

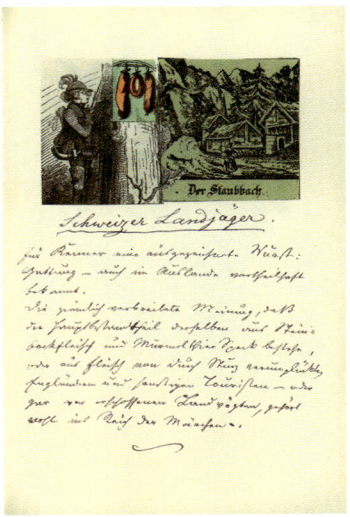

21

Collage, ca. 141 x 142 mm
Inv.-Nr. MGS 188-B, 21

Lindauer - Schüblinge

Nichts weniger als verächtlich, man hat
Sie überall zum Fressen gern!

[Jensen gibt hier zur Erläuterung Johann Andreas
Schmellers »Bayerisches Wörterbuch« (1872–1877),
Nachdruck München 1985, Bd. II, 1, Sp. 361, an:
»Der Schübling (Bodensee) eine Art Wurst aus gehack-
tem Rind- und Schweinefleisch (wol vom Schicken in
den Darm) …«]

22

Collage, 66 x 116 mm
Inv.-Nr. MGS 188-B, 22

Schweizer Landjäger

Für Kenner eine ausgezeichnete Wurst-
Gattung – auch im Auslande vorteilhaft bekannt.
Die ziemlich verbreitete Meinung, daß
der Hauptbestandteil derselben aus Stein-
Bockfleisch und Murmelthier Speck bestehe,
oder aus Fleisch von durch Sturz verunglückten
Engländern und sonstigen Touristen – oder
gar von erschossenen Landvögten, gehört
wohl ins Reich der Märchen.

(Abb. S. 35)

23

Collage, 107 x 143 mm
Inv.-Nr. MGS 188-B, 23

Marmelade von Erdbeeren.

Hier gilt dasselbe wie bei der Bereitung
Der Kirschenmarmelade. Siehe diese.

24

Collage, 124 x 139 mm
Inv.-Nr. MGS 188-B, 24

Marmelade von Kirschen.

Wird genau so bereitet wie die Erdbeeren-
Marmelade: nur mit dem Unterschied, daß
anstatt der Erdbeeren Kirschen genommen
werden, was wohl zu beachten.

(Abb. S. 37)

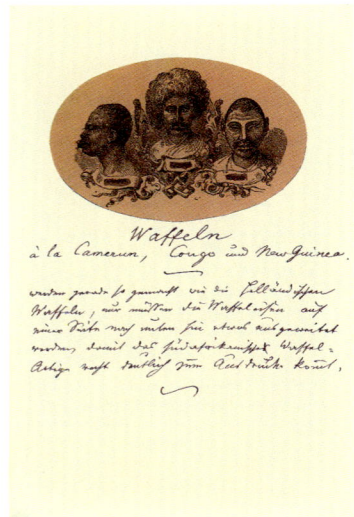

25

Collage, 73 x 114 mm
Inv.-Nr. MGS 188-B, 25

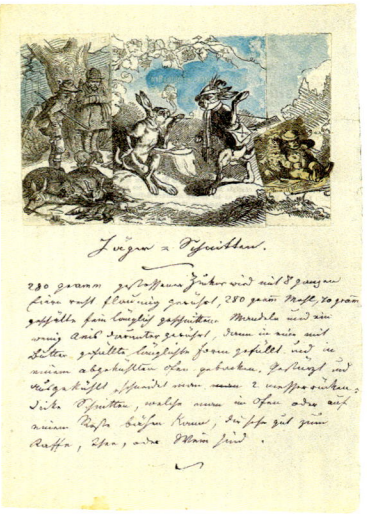

26

Collage, 81 x 131 mm
Inv.-Nr. MGS 188-B, 26

Waffeln
à la Camerun, Congo und New Guinea

werden geradeso gemacht wie die Holländischen
Waffeln, nur müssen die Waffeleisen auf
einer Seite nach unten etwas ausgeweitet
werden, damit das südafrikanische Waffel-
Artige recht deutlich zum Ausdruck kommt.

(Abb. S. 69)

Jäger-Schnitten

280 gramm gestossener Zucker wird mit 8 ganzen
Eiern recht flaumig gerührt, 280 gramm Mehl, 70 gramm
geschälte fein länglich geschnittene Mandeln und ein
wenig Anis darunter gerührt, dann in eine mit
Butter gefüllte längliche Form gefüllt und in
einem abgekühlten Ofen gebacken. Gestürzt und
ausgekühlt schneidet man 2 messerrücken-
dicke Schnitten, welche man im Ofen oder auf
einem Roste bähen [aufbacken] kann, die sehr gut zum
Kaffe[e], Thee, oder Wein sind.

(Abb. S. 39)

27

Collage, 103 x 93 mm
Inv.-Nr. MGS 188-B, 27

28

Collage, 111 x 121 mm
Inv.-Nr. MGS 188-B, 28

Bauch-Stecherln

ähnlich wie Jäger-Schnitten

waren einst, vor vielen Jahren, hier in
München ein feiner Leckerbissen für Kinder
und bei der Gutl-Frau am Hofgarten
per Stück zu 1 Kreuzer zu haben.
Selige Erinnerung!

(Abb. S. 41)

Löffel-Bisquit

(Die kleinste Sorte nennt man auch
Haarnadeln.)

$^{1}/_{2}$ Pd. Butter, 10 Eier, 14 Loth ganz feines Weizenmehl. Ist die Masse zusammengesetzt, drückt man
sie durch einen Trichter in Brötchen auf Papier so
dass die Form in der Mitte schmal, an den Enden
aber sich etwa wie eine Achte (8) aus breite. Man be-
staubt sie mit Zucker, u. backt sie in schwacher Hitze
zu schöner gelber Farbe.

(Abb. S. 71)

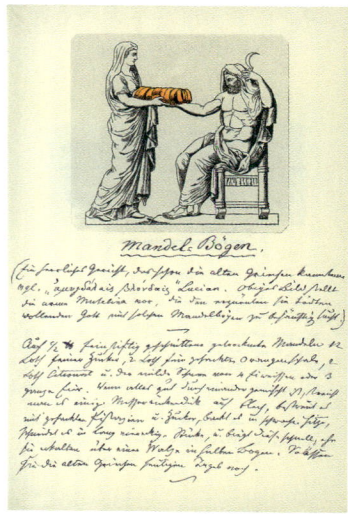

29

Collage, 110 x 152 mm
Inv.-Nr. MGS 188-B, 29

30

Collage, 91 x 154 mm
Inv.-Nr. MGS 188-B, 30

»a Schmarren!«

6 Semmeln werden klein geschnitten. Ein $^1/_2$
Schoppen Milch mit 3 ganzen Eiern abge-
sprudelt, über die Semmeln gegossen, einige Zeit
lang stehen gelassen bis die Semmeln die Milch
eingesogen haben; dann lässt man $^1/_4$ Pd Schmalz
heiß werden u. gibt die geweichten Semmeln hinein.
u. beendet es wie den Eierhaber*: dann ist
der Schmarren fertig.

(Abb. S. 111)

Mandel-Bögen

(Ein herrliches Gericht, das schon die alten Griechen
kannten vgl. »amygdálais blóndais« [in griechischen
Buchstaben]« Lucian. Obiges Bild stellt
die arme Mutelina vor, die den erzürnten sie tödten
wollenden Gott mit solchen Mandelbögen zu besänftigen sucht.)

Auf $^1/_2$ Pd feinstiftig geschnittene getrocknete Mandeln 12
Loth feiner Zucker, 2 Loth fein gehackter Orangenschalen, 2
Loth Citronat u. der milde Schnee von 4 Eiweissen oder 3
ganze Eier. Wenn alles gut durcheinander gemischt ist, streicht
man es einige Messerrückendick auf Blech, bestreut es
mit gehackten Pistazien u. Zucker, backt es in schwacher Hitze,
schneidet es in lang viereckige Stücke, u. biegt diese schnell, ehe
sie erkalten über einer Walze in halben Bogen. So ässen
sie die alten Griechen heutigen Tages noch.

(Abb. S. 73)

* Eierhacker: zerstoßener Pfannkuchenteig

170

Rezeptverzeichnis

Literaturhinweise

Werkverzeichnis

Siegfried Wichmann, *Carl Spitzweg. Verzeichnis der Werke. Gemälde und Aquarelle* (WWV), Stuttgart (Belser) 2002. (Alle hier angegebenen WWV-Nummern beziehen sich auf dieses Werkverzeichnis.)

Spitzweg und seine Zeit

Gerd Betz, *Carl Spitzweg. Der Künstler und seine Zeit*, Stuttgart/Zürich (Belser) 1981.

Günter Böhmer, *Die Welt des Biedermeier*, München (Kurt Desch) 1968.

Eckhard Grunewald (Hrsg.), *Carl Spitzweg. Und abends tu ich dichten. Gedichte und Zeichnungen*, München (dtv) 1997.

Jens Christian Jensen, *Carl Spitzweg*, Köln (DuMont) 1971.

August Lewald, »Panorama von München«. In: *Phönix. Literaturblatt*, Nr. 12, 25. März 1835.

Wilhelm Spitzweg, *Der unbekannte Spitzweg*, München (Braun & Schneider) 1958.

Hermann Uhde-Bernays, *Carl Spitzweg. Des Meisters Leben und Werk. Seine Bedeutung in der Geschichte der Münchner Kunst*, München (Delphin-Verlag) 9. Aufl. 1920 (1. Aufl. 1913).

Siegfried Wichmann, *Carl Spitzweg. Reisen und Wandern in Europa. Der Glückliche Winkel*, Stuttgart (Belser) 2002.

Siegfried Wichmann, *Carl Spitzweg und sein Freundeskreis*, Ausstellungskatalog, München (Haus der Kunst) 1968.

Siegfried Wichmann, *Spitzweg auf der Reise nach Prag*, München (Bruckmann) 1963.

Siegfried Wichmann, *Spitzweg. Zeichnungen und Skizzen*, München (Bruckmann) 1985.

Georg Jacob Wolf (Hrsg.), *Münchner Künstlerfeste. Münchner Künstlerchroniken*, München (Bruckmann) 1925.

Zum kulinarischen Kontext

Koch- und Haushaltsanweisungen von dem Maler Carl Spitzweg für seine Nichte Line. Neu hrsg. von Jens Christian Jensen, Schweinfurt (Museum Georg Schäfer) 2002.

Erna Horn, *Das altbayrische Küchenjahr. Ein kulinarischer Kalender*, München (Prestel) 1974.

Jean Neubauer, *Allerneuestes Kochbuch, welches lehret, wie man auf die allergenaueste, delicateste und sparsamste Art arbeiten, die Speisen machen, und heutiges Tags servieren soll. Nicht minder, wie die sämmtlichen Speisen in französischer und deutscher Sprache zu benennen*, München (Johann Nepomuk Fritz) 1774.

Karl Friedrich von Rumohr, *Geist der Kochkunst.* Mit einer Einleitung von Dietrich Hart, Heidelberg (Manutius Verlag) 1994.

Siegfried Wichmann, *Die Leibgerichte des weiland Apothekers und Malerpoeten Carl Spitzweg*, München (Bruckmann) 1962.

Wirtshäuser in München um 1900. »Berge von unten, Kirchen von außen, Wirtshäuser von innen«. Hrsg. von der Pasinger Fabrik. Kultur- und Bürgerzentrum, München (Buchendorfer Verlag) 1997.

Register

Carl Spitzweg, Stillleben, Geleeglas, Karaffe und Weinflasche, *um 1837/40,*
Privatbesitz (WWV 228).